Gyulladáscsökkentő gasztronómia

Egészséges és finom receptek az egész család számára

Ágnes Kovács

Tartalom

Adagok krémes sertéshúsból és paradicsomból: 4 17
Hozzávalók: 17
Útvonal: 17
Citromfilé adagok: 2 19
Hozzávalók: 19
Csirke adagok brokkolival: 4 21
Hozzávalók: 21
Útvonal: 21
Ropogós csirkefilé adagok: 4 22
Hozzávalók: 22
Útvonal: 22
Sertés Gombával és Uborkával 23
Adagok: 4 23
Hozzávalók: 23
Útvonal: 24
Adagok csirkecombból: 4 25
Hozzávalók: 25
Útvonal: 25
Balzsames sült csirke adagok: 4 27
Hozzávalók: 27
Útvonal: 27
Steak és gomba adagok: 4 29
Hozzávalók: 29
Útvonal: 29

Adagok marhahúsból: 4 30

Hozzávalók: 30

Útvonal: 30

Őszibarack csirke csemege adagok: 4-5 32

Hozzávalók: 32

Útvonal: 32

Darált sertéshús rakott adagok: 4 34

Hozzávalók: 34

Útvonal: 35

Sertéshús adagok petrezselyemmel és articsókkal: 4 36

Hozzávalók: 36

Útvonal: 37

Sertéshús adagok kakukkfűvel és édesburgonyával: 4 38

Hozzávalók: 38

Útvonal: 39

Sertés curry mix adagok: 4 40

Hozzávalók: 40

Útvonal: 40

Párolt csirke és brokkoli adagok: 4 42

Hozzávalók: 42

Útvonal: 42

Csirke és brokkoli adagok: 4 44

Hozzávalók: 44

Útvonal: 45

Mediterrán sült csirke zöldségekkel Adagok: 4 46

Hozzávalók: 46

Útvonal: 46

Hidden Valley csirkedobok adagok: 6-8 48

Hozzávalók: 48

Útvonal: 48

Csirke és bab adagok balzsamecettel: 4 50

Hozzávalók: 50

Útvonal: 50

Olasz sertéshús adagok: 6 52

Hozzávalók: 52

Útvonal: 53

Csirke és kelbimbó adagok: 4 54

Hozzávalók: 54

Útvonal: 54

A csirke kanapé hozzávalói: 55

Útvonal: 55

Csirke parmezán adagok: 4 56

Hozzávalók: 56

Útvonal: 56

Pazar indiai csirke curry adagok: 6 58

Hozzávalók: 58

Útvonal: 59

Sertés hagymás balzsamecmártással 61

Adagok: 4 61

Hozzávalók: 61

Útvonal: 62

Hozzávalók: 62

Útvonal: 63

Sertés körtével és gyömbérrel adagok: 4 64

Hozzávalók: 64
Útvonal: 64
Vajas csirke adagok: 6 66
Hozzávalók: 66
Útvonal: 66
Forró csirkeszárny adagok: 4-5 67
Hozzávalók: 67
Útvonal: 67
Csirke, tészta és hóborsó adagok: 1-2 69
Hozzávalók: 69
Útvonal: 69
Adagok barackos csirkeszárnyak: 3-4 71
Hozzávalók: 71
Útvonal: 71
Csirkecomb adagok: 4 73
Hozzávalók: 73
Útvonal: 73
Ropogós csirkefilé adagok: 4 74
Hozzávalók: 74
Útvonal: 74
Champion csirke tasak adagok: 4 76
Hozzávalók: 76
Útvonal: 76
Tűzhelyen grillezett csirkefalatok adagok: 4 77
Hozzávalók: 77
Útvonal: 78
Adagok csirke-retek keverékből: 4 79

Hozzávalók: 79
Útvonal: 79
Adagok csirke katsuból: 4 80
Hozzávalók: 80
Útvonal: 81
Csirke- és édesburgonya pörkölt adagok: 4 82
Hozzávalók: 82
Útvonal: 82
Marhaborda adagok rozmaringgal: 4 84
Hozzávalók: 84
Útvonal: 84
Frittata csirke, bors és spenótos adagok: 8 86
Hozzávalók: 86
Útvonal: 86
Dal sült csirke adagok: 4 88
Hozzávalók: 88
Útvonal: 88
Taquitos csirke adagok: 6 90
Hozzávalók: 90
Útvonal: 90
Sertéshús adagok oregánóval: 4 92
Hozzávalók: 92
Útvonal: 93
Csirke és avokádó adagok: 4 94
Hozzávalók: 94
Útvonal: 94
Öt fűszerrel sült kacsamell Adagok: 4 96

Hozzávalók: 96

Útvonal: 96

Sertésszelet paradicsomsalsával Adagok: 4 99

Hozzávalók: 99

Útvonal: 100

Toszkán csirke paradicsommal, olajbogyóval és cukkinivel 101

Hozzávalók: 101

Útvonal: 102

Sertés saláta adagok: 4 103

Hozzávalók: 103

Útvonal: 104

Sertéshús adagok lime-mal és zöldbabbal Adagok: 4 105

Hozzávalók: 105

Útvonal: 106

Csirkemell adagok: 4 107

Hozzávalók: 107

Útvonal: 107

Sertés chilis cukkini és paradicsom adagok 108

Adagok: 4 108

Hozzávalók: 108

Útvonal: 109

Sertéshús adagok olajbogyóval: 4 110

Hozzávalók: 110

Útvonal: 110

Kapros és lazac pástétom 112

Hozzávalók: 112

Útvonal: 112

Sült alma adagok chai fűszerekkel: 5 113
Hozzávalók: 113
Útvonal: 113
Őszibarack ropogós adagok: 6 115
Hozzávalók: 115
Útvonal: 115
Őszibarack mártogatós adagok: 2 117
Hozzávalók: 117
Útvonal: 117
Sárgarépa- és tökmagos keksz adagok: 40 db 118
Hozzávalók: 118
Útvonal: 118
Húsgombóc taco tálak: 120
Útvonal: 121
Avokádó Pesto Zoodles lazac adagokkal: 4 123
Hozzávalók: 123
Útvonal: 123
Kurkuma, alma és hagymás édesburgonya csirkével 125
Hozzávalók: 125
Sült fűszernövényes lazacsteak adagok: 4 127
Hozzávalók: 127
Útvonal: 127
Adagok olasz stílusú tofuból és nyári zöldségekből: 4 129
Hozzávalók: 129
Útvonal: 129
Eper és kecskesajt saláta Hozzávalók 131
Útvonal: 131

Karfiol és kurkuma tőkehalpörkölt adagok: 4 133
Hozzávalók: 133
Útvonal: 134
Egy adag diós és spárgás finomságok: 4 135
Hozzávalók: 135
Útvonal: 135
Alfredo cukkini tészta Hozzávalók: 136
Útvonal: 136
Quinoa pulyka csirke Hozzávalók: 138
Útvonal: 139
Fokhagymás és tök tészta adagok: 4 141
Hozzávalók: 141
Útvonal: 142
Párolt pisztráng vesebabbal és chilis salsával Tálalás mérete: 1 143
Hozzávalók: 143
Útvonal: 144
Édesburgonyás pulykaleves adagok: 4 145
Hozzávalók: 145
Útvonal: 146
Grillezett lazac adagok misóval: 2 147
Hozzávalók: 147
Útvonal: 147
A leveles tészta filé adagjai egyszerűen megpirítva: 6 149
Hozzávalók: 149
Útvonal: 149
Fehér hallé zöldségekkel 151
Adagok: 6-8 151

Hozzávalók: 151
Útvonal: 151
Adagok citromos kagylóból: 4 153
Hozzávalók: 153
Útvonal: 153
Lazac adagok lime-mal és chilivel: 2 154
Hozzávalók: 154
Útvonal: 154
Sajtos tonhaltészta adagok: 3-4 155
Hozzávalók: 155
Útvonal: 155
Kókuszos halcsíkok adagok: 4 157
Hozzávalók: 157
Útvonal: 158
Adagok mexikói halból: 2 159
Hozzávalók: 159
Útvonal: 159
Pisztráng uborkasalsával Adagok: 4 161
Hozzávalók: 161
Citromos Zoodle garnélarák adagokkal: 4 163
Hozzávalók: 163
Útvonal: 163
Ropogós garnélarák adagok: 4 165
Hozzávalók: 165
Útvonal: 165
Grillezett tengeri sügér adagok: 2 166
Hozzávalók: 166

Útvonal: 166

Lazacpogácsa adagok: 4 167

Hozzávalók: 167

Útvonal: 167

Fűszeres tőkehal adagok: 4 168

Hozzávalók: 168

Útvonal: 168

Füstölt pisztrángkrém adagok: 2 169

Hozzávalók: 169

Útvonal: 169

Tonhal és medvehagyma adagok: 4 171

Hozzávalók: 171

Útvonal: 171

Egy adag citromborsos garnélarák: 2 172

Hozzávalók: 172

Útvonal: 172

Forró tonhal steak adagok: 6 173

Hozzávalók: 173

Útvonal: 173

Cajun lazac adagok: 2 175

Hozzávalók: 175

Útvonal: 175

Lazac tál quinoával és zöldségekkel 176

Adagok: 4 176

Hozzávalók: 176

Panírozott hal adagok: 4 178

Hozzávalók: 178

Útvonal: 178

Egyszerű lazacpogácsák adagjai: 4 179

Hozzávalók: 179

Útvonal: 180

Popcorn garnélarák adagok: 4 181

Hozzávalók: 181

Útvonal: 182

Fűszeres sült hal adagok: 5 183

Hozzávalók: 183

Útvonal: 183

Paprikás tonhal adagok: 4 184

Hozzávalók: 184

Útvonal: 184

Halsütemény adagok: 2 185

Hozzávalók: 185

Útvonal: 185

Serpenyőben sült kagyló mézzel Adagok: 4 186

Hozzávalók: 186

Útvonal: 186

Tőkehalfilé shiitake gombával Adagok: 4 188

Hozzávalók: 188

Útvonal: 188

Grillezett fehér basszus adagok: 2 190

Hozzávalók: 190

Útvonal: 190

Hekehal adagok sült paradicsommal: 4-5 192

Hozzávalók: 192

Útvonal: 192

Serpenyőben sült foltos tőkehal répával Adagok: 4 194

Hozzávalók: 194

Egy adag őszinte tonhal fondant: 4 196

Hozzávalók: 196

Útvonal: 196

Citromos lazac kaffir lime-mal Adagok: 8 198

Hozzávalók: 198

Útvonal: 198

Finom lazac mustárszósz adagok: 2 200

Hozzávalók: 200

Útvonal: 201

Adagok ráksalátából: 4 202

Hozzávalók: 202

Útvonal: 202

Sült lazac miso szósszal Adagok: 4 203

Hozzávalók: 203

Útvonal: 203

Gyógynövényekkel és mézzel bevont sült tőkehal Adagok: 2 205

Hozzávalók: 205

Útvonal: 205

Parmezán tőkehalkeverék adagok: 4 207

Hozzávalók: 207

Útvonal: 207

Ropogós fokhagymás garnélarák adagok: 4 208

Hozzávalók: 208

Útvonal: 208

Krémes tengeri sügér keverék adagok: 4 209

Hozzávalók: 209

Útvonal: 209

Ahi Poke uborka adagok: 4 210

Hozzávalók: 210

Menta tőkehal keverék adagok: 4 212

Hozzávalók: 212

Útvonal: 212

Citromos és krémes tilápia adagok: 4 214

Hozzávalók: 214

Útvonal: 214

Hal taco adagok: 4 216

Hozzávalók: 216

Útvonal: 217

Gyömbéres tengeri sügér keverék adagok: 4 218

Hozzávalók: 218

Útvonal: 218

Adagok krémes sertéshúsból és paradicsomból:

4

Főzési idő: 35 perc

Hozzávalók:

2 kiló sertéspörkölt, kockára vágva

2 evőkanál avokádó olaj

1 csésze paradicsom, felkockázva

1 csésze kókuszkrém

1 evőkanál menta, apróra vágva

1 jalapeno paprika, apróra vágva

Egy csipet tengeri só és fekete bors

1 evőkanál chili

2 evőkanál citromlé

Útvonal:

1. Melegíts fel egy serpenyőt az olajjal közepes lángon, add hozzá a húst és pirítsd 5 percig.

2. Adjuk hozzá a többi hozzávalót, keverjük össze, főzzük közepes lángon további 30 percig, osztjuk tányérokra és tálaljuk.

Tápanyag-információ:kalória 230, zsír 4, rost 6, szénhidrát 9, fehérje 14

Citromfilé adagok: 2

Főzési idő: 25 perc

Hozzávalók:

¼ teáskanál za'atar fűszer

1 citrom héja

½ teáskanál szárított kakukkfű

¼ teáskanál fokhagymapor

¼ teáskanál só

1 evőkanál olívaolaj

1 sertés szűzpecsenye (8 uncia / 227 g), csíkokra hámozvaÚtvonal:

1. Melegítse elő a sütőt 220 ºC-ra.

2. Keverje össze a za'atar fűszert, a citromhéjat, a kakukkfüvet, a fokhagymaport és a sót egy tálban, majd dörzsölje be a sertésszűz mindkét oldalát a keverékkel.

3. Egy tűzálló serpenyőben közepes-magas lángon hevítsünk olívaolajat, amíg csillogó nem lesz.

4. Adjuk hozzá a sertés szűzpecsenyét, és pirítsuk 6 percig, vagy amíg megpirul.

A sertéshúst a főzés felénél megfordítjuk.

5. Helyezze a serpenyőt az előmelegített sütőbe, és süsse 15 percig, vagy amíg a bélszín legvastagabb részébe helyezett azonnali leolvasású hőmérő legalább 63 °C-ot nem mutat.

6. Tegye át a megfőtt szűzpecsenyét egy nagy tányérra, és tálalás előtt hagyja néhány percig hűlni.

Tápanyag-információ:kalória: 184; zsír: 10,8 g; szénhidrát: 1,2g; rost: 0g; fehérje: 20,1 g; nátrium: 358 mg

Csirke adagok brokkolival: 4

Hozzávalók:

1 kis fehér hagyma apróra vágva

1½ teáskanál. alacsony zsírtartalmú, alacsony nátriumtartalmú csirkehúsleves

Frissen őrölt fekete bors

2 ágyas. apróra vágott brokkoli

1 kg csirkecomb, kockára vágva, bőr nélkül és kicsontozva 2 gerezd fokhagyma, darálva

Útvonal:

1. Lassú tűzhelyben adjuk hozzá az összes hozzávalót, és jól keverjük össze.

2. Állítsa a lassú tűzhelyet alacsony fokozatra.

3. Fedjük le és főzzük 4-5 órán keresztül.

4. Forrón tálaljuk.

Tápanyag-információ:Kalória: 300, Zsír: 9 g, Szénhidrát: 19 g, Fehérje: 31 g, Cukor: 6 g, Nátrium: 200 mg

Ropogós csirkefilé adagok: 4

Főzési idő: 15 perc

Hozzávalók:

1 felvert tojás

8 db csirke filé

2 evőkanál avokádó olaj

½ csésze zsemlemorzsa

Útvonal:

1. Melegítse elő a légsütőt 350 F-ra.

2. Mártsuk a csirkét a tojásba.

3. Keverje össze az olajat és a zsemlemorzsát.

4. Ezzel a keverékkel bevonjuk a csirkét.

5. Tegye a légsütő kosarába.

6. 15 percig főzzük.

Sertés Gombával és Uborkával

Adagok: 4

Főzési idő: 25 perc

Hozzávalók:

2 evőkanál olívaolaj

½ teáskanál oregánó, szárítva

4 sertésszelet

2 gerezd fokhagyma, felaprítva

1 lime leve

¼ csésze koriander, apróra vágva

Egy csipet tengeri só és fekete bors

1 csésze fehér gomba, félbevágva

2 evőkanál balzsamecet

Útvonal:

1. Melegíts fel egy serpenyőt az olajjal közepes lángon, add hozzá a sertésszeleteket, és süsd meg mindkét oldalát 2 percig.

2. Hozzáadjuk a többi hozzávalót, összekeverjük, közepes lángon 20 percig főzzük, tányérokra osztjuk és tálaljuk.

Tápanyag-információ:kalória 220, zsír 6, rost 8, szénhidrát 14,2, fehérje 20

Adagok csirkecombból: 4

Hozzávalók:

vs. kockára vágott hagymát

1 csomag főtt Chow Mein tészta

Őrölt friss bors

2 doboz krémes gombaleves

1 C. Szeletelt zeller

1 ea. kesu dió

2 ágyas. kockára vágott főtt csirke

½ tk. a víz

Útvonal:

1. Melegítse elő a sütőt 375°F-ra.

2. Sütőnek megfelelő lábosba öntjük a két doboz gombaleves krémet és a vizet. Keverjük össze, amíg össze nem áll.

3. A leveshez adjuk a kockára vágott főtt csirkét, hagymát, zellert, borsot, kesudiót. Addig keverjük, amíg össze nem áll. Adjuk hozzá a tészta felét a keverékhez, és keverjük, amíg bevonat nem lesz.

4. A serpenyő tetejére tegye a többi tésztát.

5. Helyezze az edényt a sütőbe. 25 percig sütjük.

6. Azonnal tálaljuk.

Tápanyag-információ:Kalória: 201, Zsír: 17 g, Szénhidrát: 15 g, Fehérje: 13 g, Cukor: 7 g, Nátrium: 10 mg

Balzsames sült csirke adagok: 4

Hozzávalók:

1 evőkanál. darált friss rozmaring

1 gerezd darált fokhagyma

Fekete bors

1 evőkanál. olivaolaj

1 C. barna cukor

6 szál rozmaring

1 egész csirke

½ tk. balzsamecet

Útvonal:

1. Keverje össze a fokhagymát, az apróra vágott rozmaringot, a fekete borsot és az olívaolajat.

Dörzsölje be a csirkét a gyógynövényes olívaolaj keverékével.

2. Tegyünk 3 szál rozmaringot a csirke üregébe.

3. Helyezze a csirkét egy serpenyőbe, és süsse 400 F-on körülbelül 1 órán keresztül. 30 perc.

4. Amikor a csirke megpirult és a leve kifolyik, tegyük át egy tálra.

5. Egy serpenyőben feloldjuk a cukrot a balzsamecetben, tűzön.

Ne forraljuk.

6. Vágjuk ki a csirkét, és öntsük fel az ecetes keverékkel.

Tápanyag-információ:Kalória: 587, Zsír: 37,8 g, Szénhidrát: 2,5 g, Fehérje: 54,1

g, cukrok: 0 g, nátrium: 600 mg

Steak és gomba adagok: 4

Főzési idő: 15 perc

Hozzávalók:

2 evőkanál olívaolaj

8 uncia gomba, szeletelve

½ teáskanál fokhagymapor

1 lb steak, kockára vágva

1 teáskanál (5 ml) Worcestershire szósz

Bors ízlés szerint

Útvonal:

1. Melegítse elő a légsütőt 400 F-ra.

2. Keverje össze az összes hozzávalót egy tálban.

3. Tegye át a légsütő kosárba.

4. 15 percig sütjük, a kosarat kétszer megrázva.

Adagok marhahúsból: 4

Főzési idő: 12 perc

Hozzávalók:

2 teáskanál hagymapor

1 teáskanál fokhagyma por

2 teáskanál rozmaring, apróra vágva

1 teáskanál paprika

2 evőkanál alacsony nátriumtartalmú kókusz-amino

Bors ízlés szerint

1 lb steak, csíkokra szeletelve

Útvonal:

1. Keverje össze az összes fűszert és fűszereket egy tálban.

2. Keverje hozzá a steak csíkokat.

3. Pácoljuk 10 percig.

4. Tegye a légsütő kosarába.

5. Süssük 380 F-on 12 percig, félidőben egyszer-kétszer megrázva.

Őszibarack csirke csemege adagok: 4-5

Hozzávalók:

2 gerezd darált fokhagyma

vs. balzsamecet

4 szeletelt őszibarack

4 csont nélküli bőr nélküli csirkemell

vs. apróra vágott bazsalikom

1 evőkanál. olivaolaj

1 medvehagyma, apróra vágva

vs. fekete bors

Útvonal:

1. Melegítse fel az olajat egy serpenyőben közepesen magas lángon.

2. Adjuk hozzá a húst, és fűszerezzük fekete borssal; mindkét oldalát 8 percig pirítjuk, majd tányéron pihentetjük.

3. Ugyanabban a serpenyőben adjuk hozzá a medvehagymát és a fokhagymát; keverjük össze és főzzük 2

percek.

4. Adjuk hozzá az őszibarackot; keverjük össze és főzzük további 4-5 percig.

5. Adjunk hozzá ecetet, főtt csirkét és bazsalikomot; keverjük meg és pároljuk lefedve még 3-4 percig.

6. Forrón tálaljuk.

Tápanyag-információ:Kalória: 270, Zsír: 0 g, Szénhidrát: 6,6 g, Fehérje: 1,5 g, Cukor: 24 g, Nátrium: 87 mg

Darált sertéshús rakott adagok: 4

Főzési idő: 15 perc

Hozzávalók:

2 gerezd fokhagyma, felaprítva

2 piros paprika, apróra vágva

2 evőkanál olívaolaj

2 kiló sertéspörkölt, darált

1 piros kaliforniai paprika, apróra vágva

1 zöld kaliforniai paprika, apróra vágva

1 paradicsom, felkockázva

½ csésze gomba, félbevágva

Egy csipet tengeri só és fekete bors

1 evőkanál bazsalikom, apróra vágva

2 evőkanál kókusz aminosav

Útvonal:

1. Melegíts fel egy serpenyőt az olajjal közepes lángon, add hozzá a fokhagymát, a chilit, a paprikát, a paradicsomot és a gombát, és pirítsd 5 percig.

percek.

2. Hozzáadjuk a húst és a többi hozzávalót, összekeverjük, közepes lángon további 10 percig főzzük, tányérokra osztjuk és tálaljuk.

Tápanyag-információ:kalória 200, zsír 3, rost 5, szénhidrát 7, fehérje 17

Sertéshús adagok petrezselyemmel és articsókkal: 4

Főzési idő: 35 perc

Hozzávalók:

2 evőkanál balzsamecet

1 csésze konzerv articsóka szív, lecsepegtetve és felnegyedelve 2 evőkanál olívaolaj

2 kiló sertéspörkölt, kockára vágva

2 evőkanál apróra vágott petrezselyem

1 teáskanál kömény, őrölt

1 teáskanál kurkuma por

2 gerezd fokhagyma, felaprítva

Egy csipet tengeri só és fekete bors

Útvonal:

1. Melegíts fel egy serpenyőt az olajjal közepes lángon, add hozzá a húst és pirítsd 5 percig.

2. Adjuk hozzá az articsókát, az ecetet és a többi hozzávalót, keverjük össze, főzzük közepes lángon 30 percig, tányérokra osztjuk és tálaljuk.

Tápanyag-információ:kalória 260, zsír 5, rost 4, szénhidrát 11, fehérje 20

Sertéshús adagok kakukkfűvel és édesburgonyával: 4

Főzési idő: 35 perc

Hozzávalók:

2 édesburgonya, meghámozva és szeletekre vágva 4 sertésszelet

3 újhagyma apróra vágva

1 evőkanál kakukkfű, apróra vágva

2 evőkanál olívaolaj

4 gerezd fokhagyma, felaprítva

Egy csipet tengeri só és fekete bors

½ csésze zöldségleves

½ evőkanál metélőhagyma, apróra vágva

Útvonal:

1. Egy serpenyőben keverje össze a sertésszeleteket burgonyával és más hozzávalókkal, óvatosan dobja össze, és süsse 390 F-on 35 percig.

percek.

2. Mindent elosztunk a tányérok között, és tálaljuk.

<u>Tápanyag-információ:</u>kalória 210, zsír 12,2, rost 5,2, szénhidrát 12, fehérje 10

Sertés curry mix adagok: 4

Főzési idő: 30 perc

Hozzávalók:

2 evőkanál olívaolaj

4 zöldhagyma, apróra vágva

2 gerezd fokhagyma, felaprítva

2 kiló sertéspörkölt, kockára vágva

2 evőkanál vörös curry paszta

1 teáskanál chili paszta

2 evőkanál balzsamecet

csésze zöldségleves

¼ csésze petrezselyem, apróra vágva

Útvonal:

1. Melegíts fel egy serpenyőt az olajjal közepesen magas lángon, add hozzá a zöldhagymát és a fokhagymát, és pirítsd 5 percig.

2. Hozzáadjuk a húst, és további 5 percig pirítjuk.

3. Hozzáadjuk a többi hozzávalót, összekeverjük, közepes lángon 20 percig főzzük, tányérokra osztjuk és tálaljuk.

Tápanyag-információ:kalória 220, zsír 3, rost 4, szénhidrát 7, fehérje 12

Párolt csirke és brokkoli adagok: 4

Főzési idő: 10 perc

Hozzávalók:

3 evőkanál extra szűz olívaolaj

1½ csésze brokkoli rózsa

1½ font (680 g) csont nélküli, bőr nélküli csirkemell, falatnyi darabokra vágva

½ hagyma, apróra vágva

½ teáskanál tengeri só

⅛ teáskanál frissen őrölt fekete bors

3 gerezd fokhagyma, felaprítva

2 csésze főtt barna rizs

Útvonal:

1. Hevítsünk olívaolajat egy nagy tapadásmentes serpenyőben közepesen magas lángon, amíg csillogó nem lesz.

2. Adja hozzá a brokkolit, a csirkét és a hagymát a serpenyőbe, és jól keverje össze.

Tengeri sóval és fekete borssal ízesítjük.

3. Pároljuk kb. 8 percig, vagy amíg a csirke megpirul és átsül.

4. Adjuk hozzá a fokhagymát és főzzük 30 másodpercig folyamatos keverés mellett, vagy amíg a fokhagyma illatos lesz.

5. Levesszük a tűzről egy tányérra, és főtt barna rizs fölött tálaljuk.

Tápanyag-információ:kalória: 344; zsír: 14,1 g; fehérje: 14,1g; szénhidrát: 40,9 g; rost: 3,2g; cukor: 1,2g; nátrium: 275 mg

Csirke és brokkoli adagok: 4

Hozzávalók:

2 gerezd darált fokhagyma

4 csont nélküli, bőr nélküli csirkemell

½ tk. kókuszkrém

1 evőkanál. apróra vágott oregánó

2 ágyas. brokkoli virágok

1 evőkanál. bio olívaolaj

1 ea. apróra vágott vöröshagyma

Útvonal:

1. Melegíts fel egy serpenyőt az olaj segítségével közepesen erős lángon, tedd bele a csirkemelleket, és süsd 5 percig mindkét oldalát.

2. Adjuk hozzá a hagymát és a fokhagymát, keverjük össze és főzzük még 5 percig.

3. Adjuk hozzá az oregánót, a brokkolit és a tejszínt, keverjük össze az egészet, főzzük további tíz percig, tányérokra osztjuk és tálaljuk.

4. Jó szórakozást!

Tápanyag-információ:Kalória: 287, zsír: 10 g, szénhidrát: 14 g, fehérje: 19 g, cukrok: 10 g, nátrium: 1106 mg

Mediterrán sült csirke zöldségekkel Adagok: 4

Főzési idő: 20 perc

Hozzávalók:

4 (4 uncia / 113 g) csont nélküli, bőr nélküli csirkemell 2 evőkanál avokádóolaj

1 csésze szeletelt cremini gomba

1 csésze csomagolt apróra vágott friss spenót

1 pint koktélparadicsom félbevágva

½ csésze apróra vágott friss bazsalikom

½ vöröshagyma, vékonyra szeletelve

4 gerezd fokhagyma, felaprítva

2 teáskanál balzsamecet

Útvonal:

1. Melegítse elő a sütőt 205 ºC-ra.

2. A csirkemelleket egy nagy tepsibe rendezzük, és bőségesen megkenjük avokádóolajjal.

3. Keverje össze a gombát, a spenótot, a paradicsomot, a bazsalikomot, a lilahagymát, a szegfűszeget és az ecetet egy közepes tálban, és dobja össze. Mindegyik csirkemellet megszórjuk a zöldségkeverékkel.

4. Süssük előmelegített sütőben körülbelül 20 percig, vagy amíg a belső hőmérséklet el nem éri a legalább 74ºC-ot, és villával megszúrva a leve el nem folyik.

5. Tálalás előtt 5-10 percig pihentetjük a csirkét.

Tápanyag-információ:kalória: 220; zsír: 9,1 g; fehérje: 28,2g; szénhidrát: 6,9 g; rost: 2,1g; cukor: 6,7g; nátrium: 310 mg

Hidden Valley csirkedobok adagok: 6-8

Hozzávalók:

2 evőkanál. Csípős szósz

½ tk. olvasztott vaj

Zellerszár

2 csomag Hidden Valley Dry Dressing Mix

3 evőkanál. Az ecet

12 csirkecomb

Paprika

Útvonal:

1. Melegítse elő a sütőt 350°F-ra.

2. Öblítse le és szárítsa meg a csirkét.

3. Egy tálban keverjük össze a száraz vinaigrettet, az olvasztott vajat, az ecetet és a forró mártást. Addig keverjük, amíg össze nem áll.

4. Tegyük a combokat egy nagy műanyag zacskóba, öntsük rá a mártást. A mártást addig masszírozzuk, amíg a combok be nem vonódnak.

5. Helyezze a csirkét egy rétegben egy tepsire. Megszórjuk paprikával.

6. 30 percig sütjük, félidőben megforgatjuk.

7. Nyers zöldségekkel vagy salátával tálaljuk.

Tápanyag-információ:Kalória: 155, zsír: 18 g, szénhidrát: 96 g, fehérje: 15 g, cukrok: 0,7 g, nátrium: 340 mg

Csirke és bab adagok balzsamecettel: 4

Hozzávalók:

1 lb friss zöldbab, vágva

vs. balzsamecet

2 medvehagyma, szeletelve

2 evőkanál. pirospaprika pehely

4 csont nélküli, bőr nélküli csirkemell

2 gerezd darált fokhagyma

3 evőkanál. extra szűz olívaolaj

Útvonal:

1. Keverjünk össze 2 evőkanál olívaolajat balzsamecettel, fokhagymával és medvehagymával. Ráöntjük a csirkemellekre, és egy éjszakára hűtőbe tesszük.

2. Másnap melegítse elő a sütőt 375°F-ra.

3. Vegyük ki a csirkét a pácból, és helyezzük el egy sekély tepsibe. Dobja ki a pác többi részét.

4. 40 percig sütjük.

5. Amíg a csirke sül, forraljunk fel egy nagy fazék vizet.

6. Helyezze a zöldbabot a vízbe, és hagyja főni öt percig, majd csepegtesse le.

7. Egy evőkanál olívaolajat hevítünk fel a serpenyőben, majd öblítés után tegyük vissza a zöldbabot.

8. Keverjük össze pirospaprika pehellyel.

Tápanyag-információ:Kalória: 433, zsír: 17,4 g, szénhidrát: 12,9 g, fehérje: 56,1

g, cukrok: 13 g, nátrium: 292 mg

Olasz sertéshús adagok: 6

Főzési idő: 1 óra

Hozzávalók:

2 kiló sertéssült

3 evőkanál olívaolaj

2 teáskanál oregánó, szárítva

1 evőkanál olasz fűszer

1 teáskanál szárított rozmaring

1 teáskanál szárított bazsalikom

3 gerezd fokhagyma, felaprítva

csésze zöldségleves

Egy csipet só és fekete bors

Útvonal:

1. Egy tepsiben keverje össze a sült sertéshúst olajjal, oregánóval és más hozzávalókkal, keverje össze és süsse 390 F-on 1 órán át.

2. Szeleteljük fel a sültet, osszuk el a többi hozzávalóval együtt a tányérok között, és tálaljuk.

Tápanyag-információ:kalória 580, zsír 33,6, rost 0,5, szénhidrát 2,3, fehérje 64,9

Csirke és kelbimbó adagok: 4

Hozzávalók:

1 kimagozott alma, meghámozva és apróra vágva

1 apróra vágott sárgahagyma

1 evőkanál. bio olívaolaj

3 ágyas. aprított kelbimbó

1 dkg darált csirkehús

Fekete bors

Útvonal:

1. Melegítsen fel egy serpenyőt olajjal közepes lángon, adja hozzá a csirkét, keverje meg és pirítsa 5 percig.

2. Adjuk hozzá a kelbimbót, a hagymát, a fekete borsot és az almát, keverjük össze, főzzük 10 percig, osztjuk tálakba és tálaljuk.

3. Jó szórakozást!

Tápanyag-információ:Kalória: 200, Zsír: 8 g, Szénhidrát: 13 g, Fehérje: 9 g, Cukor: 3,3 g, Nátrium: 194 mg

A csirke kanapé hozzávalói:

1 ea. Krutonok

1 ea. brokkoli darabokat főzve és felkockázva

½ tk. a víz

1 ea. reszelt extra éles cheddar sajt

½ lb főtt csont nélküli, bőr nélküli csirkedarabok 1 doboz gombaleves

Útvonal:

1. Melegítse elő a sütőt 350°F-ra

2. Egy nagy serpenyőben felforrósítjuk a levest és a vizet. Adjuk hozzá a csirkét, a brokkolit és a sajtot. Jól összekeverni.

3. Kivajazott tepsibe öntjük.

4. Helyezze a krutonokat a keverékre.

5. Süssük 30 percig, vagy amíg a serpenyőben pezsgő nem lesz, és a krutonok aranybarnák nem lesznek.

Tápanyag-információ:Kalória: 380, zsír: 22 g, szénhidrát: 10 g, fehérje: 25 g, cukrok: 2 g, nátrium: 475 mg

Csirke parmezán adagok: 4

Főzési idő: 10 perc

Hozzávalók:

4 csirkemell filé

2 teáskanál fokhagymapor

2 teáskanál olasz fűszerkeverék

Bors ízlés szerint

¼ csésze parmezán sajt

½ csésze zsemlemorzsa

1 csésze zsemlemorzsa

2 felvert tojás

Főző spray

Útvonal:

1. A csirkemellet húskalapáccsal elsimítjuk.

2. Fokhagymaporral, olasz fűszerekkel és borssal ízesítjük.

3. Keverje össze a mandulalisztet és a parmezánt egy tálban.

4. Adja hozzá a tojásokat egy másik tálba.

5. A csirkefilét mártsuk a tojásba, majd a lisztbe.

6. Permetezzen olajat.

7. Helyezze légsütőbe.

8. Süssük 350 F fokon 10 percig mindkét oldalon.

Pazar indiai csirke curry adagok: 6

Főzési idő: 20 perc

Hozzávalók:

2 evőkanál kókuszolaj, osztva

2 (4 uncia / 113 g) csont nélküli, bőr nélküli csirkemell, falatnyi darabokra vágva

2 közepes sárgarépa, kockára vágva

1 kis fehér hagyma, felkockázva

1 evőkanál apróra vágott friss gyömbér

6 gerezd fokhagyma, darálva

1 csésze hóborsó, kockára vágva

1 doboz 153 g (5,4 uncia) cukrozatlan kókuszkrém 1 evőkanál cukrozatlan halszósz

1 csésze alacsony nátriumtartalmú csirkehúsleves

½ csésze kockára vágott paradicsom, levével

1 evőkanál curry por

¼ teáskanál tengeri só

Csipet cayenne bors, ízlés szerint

Frissen őrölt fekete bors, ízlés szerint

¼ csésze szűrt víz

Útvonal:

1. Melegítsünk fel 1 evőkanál kókuszolajat egy tapadásmentes serpenyőben közepesen magas lángon, amíg elolvad.

2. Tegye a csirkemelleket a serpenyőbe, és főzze 15 percig, vagy amíg a csirkemell legvastagabb részébe helyezett azonnali leolvasású hőmérő legalább 74°C-ot nem jelez. A főzés felénél fordítsuk meg a csirkemelleket.

3. Közben egy külön serpenyőben a maradék kókuszolajat közepes lángon felolvadásig hevítjük.

4. Tegye a sárgarépát, a hagymát, a gyömbért és a fokhagymát a serpenyőbe, és párolja 5 percig, vagy amíg illatos lesz és a hagyma áttetsző lesz.

5. Adja hozzá a borsót, a kókusztejszínt, a halszószt, a csirkelevest, a paradicsomot, a curryport, a sót, a cayenne borsot, a fekete borsot és a vizet a serpenyőbe. Keverjük jól össze.

6. Forraljuk fel. Csökkentse a hőt közepes-alacsonyra, majd párolja 10 percig.

7. Tegye a főtt csirkét a második serpenyőbe, majd főzze 2 percig

több percet, hogy jól kombinálódjon.

8. Öntse a curryt egy nagy tálra, majd azonnal tálalja.

Tápanyag-információ:kalória: 223; zsír: 15,7 g; fehérje: 13,4g; szénhidrát: 9,4 g

; rost: 3,0g; cukor: 2,3g; nátrium: 673 mg

Sertés hagymás balzsamecmártással

Adagok: 4

Főzési idő: 35 perc

Hozzávalók:

1 db sárgahagyma apróra vágva

4 zöldhagyma, apróra vágva

2 evőkanál avokádó olaj

1 evőkanál rozmaring, apróra vágva

1 evőkanál citromhéj, lereszelve

2 kiló sertéssült, szeletelve

2 evőkanál balzsamecet

½ csésze zöldségleves

Egy csipet tengeri só és fekete bors

Útvonal:

1. Melegíts fel egy serpenyőt az olajjal közepes lángon, add hozzá a hagymát és a zöldhagymát, és pirítsd 5 percig.

2. Adjuk hozzá a többi hozzávalót a hús kivételével, keverjük össze és pároljuk 5 percig.

3. Hozzáadjuk a húst, óvatosan összekeverjük, közepes lángon 25 percig főzzük, tányérokra osztjuk és tálaljuk.

Tápanyag-információ:kalória 217, zsír 11, rost 1, szénhidrát 6, fehérje 14

373. FasírtAdagok: 4

Főzési idő: 30 perc

Hozzávalók:

1 font sovány darált marhahús

3 evőkanál zsemlemorzsa

1 hagyma, apróra vágva

1 evőkanál friss kakukkfű apróra vágva

Fokhagyma por ízlés szerint

Bors ízlés szerint

2 gomba, apróra vágva

1 evőkanál olívaolaj

Útvonal:

1. Melegítse elő légsütőjét 392 F-ra.

2. Keverje össze az összes hozzávalót egy tálban.

3. Nyomja a keveréket egy kis tepsibe.

4. Tegye a serpenyőt a légsütő kosarába.

5. Főzzük 30 percig.

Sertés körtével és gyömbérrel adagok: 4

Főzési idő: 35 perc

Hozzávalók:

2 zöldhagyma, apróra vágva

2 evőkanál avokádó olaj

2 kiló sertéssült, szeletelve

½ csésze kókusz aminosav

1 evőkanál gyömbér, darálva

2 körte kimagozva és negyedelve

csésze zöldségleves

1 evőkanál metélőhagyma, apróra vágva

Útvonal:

1. Melegíts fel egy serpenyőt az olajjal közepes lángon, add hozzá a hagymát és a húst, és pirítsd meg mindkét oldalát 2 percig.

2. Adjuk hozzá a többi hozzávalót, óvatosan keverjük össze és főzzük 390 fokon

F fokon 30 percig.

3. Osszuk el a keveréket a tányérok között, és tálaljuk.

Tápanyag-információ:kalória 220, zsír 13,3, rost 2, szénhidrát 16,5, fehérje 8

Vajas csirke adagok: 6

Hozzávalók:

8 gerezd finomra vágott fokhagyma

vs. apróra vágott könnyű sótlan vaj

Frissen őrölt fekete bors

6 oz. csont nélküli bőr nélküli csirkecomb

1 C. citrom bors

Útvonal:

1. Tegye egy nagy lassú tűzhelybe a csirkecombokat.

2. Kenje meg a vajat egyenletesen a csirkecombokon.

3. Egyenletesen megszórjuk fokhagymával, citromborssal és fekete borssal.

4. Állítsa a lassú tűzhelyet alacsony fokozatra.

5. Fedjük le és főzzük körülbelül 6 órán keresztül.

Tápanyag-információ:Kalória: 438, zsír: 28 g, szénhidrát: 14 g, fehérje: 30 g, cukrok: 2 g, nátrium: 700 mg

Forró csirkeszárny adagok: 4-5

Hozzávalók:

2 evőkanál. Kedvesem

½ rúd margarin

2 evőkanál. Cayenne-i bors

1 üveg Durkee csípős szósz

10-20 csirkeszárny

10 Tabasco szósz shake

Útvonal:

1. Egy mély serpenyőben hevítsük fel a repceolajat. A szárnyakat készre sütjük, körülbelül 20 percig.

2. Egy közepes tálban keverje össze a csípős szószt, a mézet, a Tabascót és a cayenne borsot. Jól összekeverni.

3. Helyezze a főtt szárnyakat papírtörlőre. Leöntjük a felesleges olajat.

4. Dobd a csirkeszárnyakat szószba, amíg egyenletes bevonat nem lesz.

Tápanyag-információ:Kalória: 102, zsír: 14 g, szénhidrát: 55 g, fehérje: 23 g, cukrok: 0,3 g, nátrium: 340 mg

Csirke, tészta és hóborsó adagok: 1-2

Hozzávalók:

Őrölt friss bors

2 ½ tk. Penne

1 standard üveges paradicsomos-bazsalikomos tésztaszósz 1 ek. hóborsó, félbevágva és levágva

1 lb csirkemell

1 C. olivaolaj

Útvonal:

1. Egy közepes serpenyőben hevítsük fel az olívaolajat. A csirkemelleket sóval, borssal ízesítjük. A csirkemelleket süssük készre, oldalanként körülbelül 5-7 percig.

2. Főzzük meg a tésztát a csomagoláson található utasítások szerint. Főzzük meg a hóborsót a tésztával.

3. Gyűjts össze 1 csésze tésztavizet. A tésztát és a borsót leszűrjük, félretesszük.

4. Ha a csirke megsült, ferdén szeleteljük fel.

5. Tegye vissza a csirkét a serpenyőbe. Adjunk hozzá tésztaszószt. Ha a keverék száraznak tűnik.

6. Adjon hozzá a tésztavíz egy részét a kívánt állagúra. Melegítsünk együtt.

7. Tálkákba osztva azonnal tálaljuk.

Tápanyag-információ:Kalória: 140, zsír: 17 g, szénhidrát: 52 g, fehérje: 34 g, cukrok: 2,3 g, nátrium: 400 mg

Adagok barackos csirkeszárnyak: 3-4

Hozzávalók:

1 közepes üveg baracklekvár

1 csomag Lipton száraz hagymaleves mix

1 közepes üveg orosz öntet

2 font. csirkeszárnyak

Útvonal:

1. Melegítse elő a sütőt 350°F-ra.

2. Öblítse le és szárítsa meg a csirkeszárnyakat.

3. Helyezze a csirkeszárnyakat egy tepsire, egy rétegben.

4. 45-60 percig sütjük, félidőben megfordítjuk.

5. Egy közepes tálban keverje össze a Lipton leveskeveréket, a baracklekvárt és az orosz öntetet.

6. Ha a szárnyak megsültek, felöntjük a szósszal, amíg be nem vonják a darabokat.

7. Körettel azonnal tálaljuk.

Tápanyag-információ:Kalória: 162, zsír: 17 g, szénhidrát: 76 g, fehérje: 13 g, cukrok: 24 g, nátrium: 700 mg

Csirkecomb adagok: 4

Főzési idő: 20 perc

Hozzávalók:

4 csirkecomb filé

2 teáskanál olívaolaj

1 teáskanál fokhagyma por

1 teáskanál paprika

Bors ízlés szerint

Útvonal:

1. Melegítse elő a légsütőt 400 F-ra.

2. Kenjük be a csirkét olajjal.

3. A csirke mindkét oldalát megszórjuk fokhagymaporral, paprikával és borssal.

4. 20 percig levegőn sütjük.

Ropogós csirkefilé adagok: 4

Főzési idő: 10 perc

Hozzávalók:

1 lb csirke filé

1 evőkanál olívaolaj

Panírozás

csésze zsemlemorzsa

1 teáskanál paprika

Bors ízlés szerint

¼ teáskanál fokhagymapor

¼ teáskanál hagymapor

Csipet cayenne bors

Útvonal:

1. Melegítse elő a légsütőt 390 F-ra.

2. Kenjük meg a csirkét olívaolajjal.

3. Egy tálban keverjük össze a panírozás hozzávalóit.

4. Fedjük be a csirkét zsemlemorzsával.

5. Helyezze a légsütő kosárba.

6. Főzzük 3-5 percig.

7. Fordítsuk meg és főzzük további 3 percig.

Champion csirke tasak adagok: 4

Hozzávalók:

½ tk. apróra vágott brokkoli

2 szelet teljes kiőrlésű pita kenyér, félbevágva

vs. palackozott csökkentett zsírtartalmú ranch öntet ¼ tk. apróra vágott pekándió vagy dió

1 ½ tk. apróra vágott főtt csirke

vs. zsírszegény natúr joghurt

vs. reszelt sárgarépa

Útvonal:

1. Egy kis tálban keverjük össze a joghurtot és a ranch öntetet.

2. Egy közepes tálban keverje össze a csirkét, a brokkolit, a sárgarépát és kívánt esetben a diót. Öntsük a joghurtos keveréket a csirkére; kabátba dobni.

3. Osszuk el a csirkemeveréket a pita felére.

Tápanyag-információ:Kalória: 384, Zsír: 11,4 g, Szénhidrát: 7,4 g, Fehérje: 59,3 g, cukrok: 1,3 g, nátrium: 368,7 mg

Tűzhelyen grillezett csirkefalatok adagok: 4

Hozzávalók:

1 közepes paprika kockára vágva

1 evőkanál. repceolaj

1 ea. csípős, fűszeres és édes BBQ szósz Frissen őrölt fekete bors

1 közepes vöröshagyma felkockázva

1 kg csont nélküli, bőr nélküli csirkemell

3 gerezd darált fokhagyma

Útvonal:

1. Mossa meg a csirkemelleket, és törölje szárazra. Vágjuk falatnyi darabokra.

2. Melegítse fel az olajat egy nagy serpenyőben közepes lángon. Hozzáadjuk a csirkét, a hagymát, a fokhagymát és a kaliforniai paprikát, és kevergetve 5 percig főzzük.

3. Adjuk hozzá a barbecue szószt és keverjük össze. Csökkentse a hőt közepes-alacsonyra, és fedje le a serpenyőt. Főzzük gyakran kevergetve, amíg a csirke meg nem fő, körülbelül 15 percig.

4. Vegyük le a tűzről. Ízlés szerint frissen őrölt fekete borssal ízesítjük, és azonnal tálaljuk.

Tápanyag-információ:Kalória: 191, zsír: 5 g, szénhidrát: 8 g, fehérje: 27 g, cukrok: 0 g, nátrium: 480 mg

Adagok csirke-retek keverékből: 4

Hozzávalók:

10 retek felezve

1 evőkanál. bio olívaolaj

2 evőkanál. Apróra vágott metélőhagyma

1 ea. alacsony nátriumtartalmú csirkehúsleves

4 csirke dolog

Fekete bors

Útvonal:

1. Melegíts fel egy serpenyőt az összes olajjal közepes-nagy lángon, tedd bele a csirkét, ízesítsd fekete borssal és pirítsd 6 percig mindkét oldalát.

2. Adjuk hozzá a húslevest és a retket, mérsékeljük a hőt közepesre, és pároljuk húsz percig.

3. Hozzáadjuk a metélőhagymát, megkeverjük, tányérokra osztjuk és tálaljuk.

4. Jó szórakozást!

Tápanyag-információ:Kalória: 247, zsír: 10 g, szénhidrát: 12 g, fehérje: 22 g, cukrok: 1,1 g, nátrium: 673 mg

Adagok csirke katsuból: 4

Főzési idő: 20 perc

Hozzávalók:

Katsu szósz

2 evőkanál szójaszósz

½ csésze ketchup

1 evőkanál sherry

1 evőkanál barna cukor

2 teáskanál Worcestershire szósz

1 teáskanál fokhagyma, darálva

Csirke

1 kg csirkemell filé, szeletelve

Bors ízlés szerint

Csipet fokhagyma por

1 evőkanál olívaolaj

1 ½ csésze zsemlemorzsa

Főző spray

Útvonal:

1. Keverje össze a katsu szósz hozzávalóit egy tálban. Félretesz.

2. Melegítse elő a légsütőt 350 F-ra.

3. A csirkét borsozzuk.

4. Kenjük meg a csirkét olajjal, és szórjuk meg zsemlemorzsával.

5. Helyezze a légsütő kosárba.

6. Permetezzen olajat.

7. Süssük légsütőben mindkét oldalát 10 percig.

8. Mártással tálaljuk.

Csirke- és édesburgonya pörkölt adagok: 4

Főzési idő: 40 perc

Hozzávalók:

1 evőkanál extra szűz olívaolaj

2 gerezd fokhagyma, szeletelve

1 fehér hagyma, apróra vágva

14 uncia (397 g) paradicsom apróra vágva

2 evőkanál apróra vágott rozmaringlevél

Tengeri só és őrölt fekete bors, ízlés szerint

4 bőr nélküli szabadtartású csirkecomb

4 édesburgonya, meghámozva és kockákra vágva

2 evőkanál bazsalikom levél

Útvonal:

1. Melegítse elő a sütőt 190 °C-ra.

2. Melegítse fel az olívaolajat egy tapadásmentes serpenyőben közepes lángon, amíg csillogó nem lesz.

3. Adja hozzá a fokhagymát és a hagymát a serpenyőbe, és párolja 5 percig, vagy amíg illatos lesz, és a hagyma áttetsző lesz.

4. Adjunk hozzá paradicsomot, rozmaringot, sót és őrölt fekete borsot, és főzzük 15 percig, vagy amíg kissé besűrűsödik.

5. A csirkecombokat és az édesburgonyát egy tepsire helyezzük, majd a keveréket a serpenyőbe öntjük a csirkére és az édesburgonyára. Keverjük össze, hogy jól bevonja. Felöntjük annyi vízzel, hogy a folyadék ellepje a csirkét és az édesburgonyát.

6. Süssük előmelegített sütőben 20 percig, vagy amíg a csirke belső hőmérséklete eléri a legalább 74 °C-ot.

7. Vegye ki a tepsit a sütőből, és öntse egy nagy tálba. Megszórjuk bazsalikommal és tálaljuk.

Tápanyag-információ:kalória: 297; zsír: 8,7 g; fehérje: 22,2g; szénhidrát: 33,1g

; rost: 6,5g; cukor: 9,3 g; nátrium: 532 mg

Marhaborda adagok rozmaringgal: 4

Főzési idő: 2 óra

Hozzávalók:

1½ font (680 g) csont nélküli marhahús rövid borda

½ teáskanál fokhagymapor

1 teáskanál sót

½ teáskanál frissen őrölt fekete bors

2 evőkanál olívaolaj

2 csésze alacsony nátriumtartalmú marhahúsleves

1 csésze vörösbor

4 szál rozmaring

Útvonal:

1. Melegítse elő a sütőt 180 °C-ra.

2. Tiszta munkafelületen dörzsölje be a rövid bordákat fokhagymaporral, sóval és fekete borssal. 10 percig állni hagyjuk.

3. Melegítse fel az olívaolajat egy tűzálló serpenyőben közepesen magas lángon.

4. Adjunk hozzá rövid bordákat, és pirítsuk 5 percig, vagy amíg szép barna nem lesz.

A főzés felénél fordítsa meg a bordákat. Tegye át a bordákat egy tányérra, és tegye félre.

5. Öntsük a serpenyőbe a marhahúslevest és a vörösbort. Keverjük jól össze, és forraljuk fel. Csökkentse a hőt alacsonyra, és párolja 10 fokra

percig, amíg a keverék kétharmadára csökken.

6. Tegye vissza a bordákat a serpenyőbe. Adjuk hozzá a rozmaring ágakat. Tedd le a serpenyőre a fedőt, majd párold az előmelegített sütőben 2 órán át, amíg a bordák belső hőmérséklete 74°C (165ºF) lesz.

7. Tegye át a bordákat egy nagy tányérra. Dobja el a rozmaring ágakat.

Öntsük rá a főzőlevet, és forrón tálaljuk.

<u>Tápanyag-információ:</u>kalória: 731; zsír: 69,1 g; szénhidrát: 2,1g; rost: 0g; fehérje: 25,1g; nátrium: 781 mg

Frittata csirke, bors és spenótos adagok: 8

Hozzávalók:

vs. fagyasztott apróra vágott spenót

vs. fokhagyma por

vs. apróra vágott vöröshagyma

1 1/3 ágyas. finomra vágott főtt csirke

8 tojás

Frissen őrölt fekete bors

1½ teáskanál. apróra vágott és kimagozott pirospaprika

Útvonal:

1. Kenjünk ki egy nagy lassú tűzhelyet.

2. Egy tálban hozzáadjuk a tojást, a fokhagymaport és a fekete borsot, és jól felverjük.

3. Helyezze a többi hozzávalót az előkészített lassú tűzhelybe.

4. Öntse a tojásos keveréket a csirkehús keverékre, és óvatosan keverje össze.

5. Fedjük le és főzzük körülbelül 2-3 órán keresztül.

Tápanyag-információ:Kalória: 250,9, zsír: 16,3 g, szénhidrát: 10,8 g, fehérje: 16,2 g, cukrok: 4 g, nátrium: 486 mg

Dal sült csirke adagok: 4

Hozzávalók:

15 uncia öblített lencse

vs. könnyű natúr joghurt

1 kisebb hagyma felaprítva

4 ágyas. csont nélküli, bőr nélküli, sült csirke 2 ek. curry por

1 ½ tk. Repceolaj

14 uncia tűzön sült kockára vágott paradicsom

vs. só

Útvonal:

1. Egy nagy, vastag aljú serpenyőben közepes-magas lángon hevítsünk olajat.

2. Adjuk hozzá a hagymát, és keverjük, amíg megpuhul, de nem barnul meg 3-4 percig.

3. Adjuk hozzá a curryport, és keverés közben főzzük 20-30 másodpercig, amíg a hagymával össze nem keveredik és intenzíven aromás lesz.

4. Keverje hozzá a lencsét, a paradicsomot, a csirkét és a sót, és gyakori kevergetés mellett főzze, amíg át nem melegszik.

5. Vegyük le a tűzről, és keverjük hozzá a joghurtot. Azonnal tálaljuk.

Tápanyag-információ:Kalória: 307, zsír: 6 g, szénhidrát: 30 g, fehérje: 35 g, cukrok: 0,1 g, nátrium: 361 mg

Taquitos csirke adagok: 6

Főzési idő: 20 perc

Hozzávalók:

1 teáskanál növényi olaj

1 hagyma, apróra vágva

2 evőkanál zöld chili, apróra vágva

1 gerezd fokhagyma, felaprítva

1 csésze csirke, főtt

2 evőkanál forró szósz

½ csésze csökkentett nátriumtartalmú sajtkeverék

Bors ízlés szerint

Kukorica tortilla, melegítve

Főző spray

Útvonal:

1. Öntsük egy serpenyőbe közepes lángon.

2. Főzzük a hagymát, a zöldpaprikát és a fokhagymát 5 percig, gyakran kevergetve.

3. Keverje hozzá a többi hozzávalót a tortillák kivételével.

4. 3 percig főzzük.

5. Adja hozzá a keveréket a tortillához.

6. Tekerjük fel a tortillákat.

7. Melegítse elő a légsütőt 400 F-ra.

8. Helyezze a légsütő kosárba.

9. Főzzük 10 percig.

tíz. .

Sertéshús adagok oregánóval: 4

Főzési idő: 8 óra

Hozzávalók:

2 kiló sertéssült, szeletelve

2 evőkanál oregánó, apróra vágva

csésze balzsamecet

1 csésze paradicsompüré

1 evőkanál édes paprika

1 teáskanál hagymapor

2 evőkanál chili por

2 gerezd fokhagyma, felaprítva

Egy csipet só és fekete bors

Útvonal:

1. Lassú tűzhelyedben keverd össze a sült oregánóval, ecettel és egyéb hozzávalókkal, keverd össze, tedd rá a fedőt és főzd alacsony fokozaton 8 órán át.

2. Mindent elosztunk a tányérok között, és tálaljuk.

Tápanyag-információ:kalória 300, zsír 5, rost 2, szénhidrát 12, fehérje 24

Csirke és avokádó adagok: 4

Hozzávalók:

2 szál zöldhagyma, felaprítva

pépesített avokádó

170 g sovány görög joghurt

1 g sót

4 csirkemell

15 g megfeketedett fűszerezés

Útvonal:

1. Kezdje azzal, hogy a csirkemellet egy műanyag cipzáras zacskóba helyezze a megfeketedett fűszerezéssel. Zárja le és rázza fel, majd pácolja körülbelül 2-5 percig.

2. Amíg a csirke pácolódik, tedd a görög joghurtot, a tört avokádót és a sót a turmixgépbe, és turmixold simára.

3. Helyezzen egy nagy serpenyőt vagy öntöttvas serpenyőt a tűzhelyre közepes lángon, olajozza meg a serpenyőt, és süsse a csirkét, amíg meg nem fő. Körülbelül 5 percre lesz szüksége mindkét oldalon. Ügyeljen azonban arra, hogy ne szárítsa ki a levét, és azonnal kenje szét, amint a hús megsült.

4. A tetejét joghurtos keverékkel megkenjük.

Tápanyag-információ:Kalória: 296, zsír: 13,5 g, szénhidrát: 6,6 g, fehérje: 35,37 g, cukrok: 0,8 g, nátrium: 173 mg

Öt fűszerrel sült kacsamell Adagok: 4

Hozzávalók:

1 C. öt fűszerpor

vs. kukoricakeményítő

2 narancs leve és héja

1 evőkanál. csökkentett nátriumtartalmú szójaszósz

2 font. csont nélküli kacsamell

½ tk. kóser só

2 teáskanál. Kedvesem

Útvonal:

1. Melegítse elő a sütőt 375°F-ra.

2. Tegye a kacsa bőrével lefelé egy vágódeszkára. Vágja le az oldalról lelógó felesleges bőrt. Fordítsa meg, és vágjon be három párhuzamos, átlós vágást minden mell bőrébe, vágja át a zsírt, de ne a húst. Mindkét oldalát megszórjuk öt fűszerporral és sóval.

3. Tegye a kacsa bőrével lefelé egy tűzálló serpenyőbe, közepes-alacsony lángon.

4. Körülbelül 10 percig süssük, amíg a zsír elolvad és a bőr aranybarna nem lesz. Tegye át a kacsát egy tányérra; az összes zsírt leöntjük a serpenyőből. Tegye vissza a kacsát a serpenyőbe a bőrével felfelé, és tegye be a sütőbe.

5. Süsse a kacsát közepes lángon 10-15 percig, a mell méretétől függően, amíg a legvastagabb részbe helyezett hőmérő 150°F-ot nem mutat.

6. Tegye át vágódeszkára; 5 percig állni hagyjuk.

7. Ürítse ki a serpenyőben maradt zsírt (vigyázat, a fogantyú még mindig forró lesz); helyezzük a serpenyőt közepesen magas hőre, és adjunk hozzá narancslevet és mézet. Forraljuk fel, kevergetve, hogy a megbarnult darabokat kikaparjuk.

8. Adjuk hozzá a narancshéjat és a szójaszószt, és folytassuk a főzést, amíg a szósz enyhén csökken, körülbelül 1 percig. Keverje hozzá a kukoricakeményítő keveréket, majd keverje a szószhoz; kevergetve enyhén besűrűsödésig főzzük, 1

perc.

9. Távolítsuk el a kacsa bőrét, és vékonyan szeleteljük fel a mellhúst. Meglocsoljuk narancsmártással.

Tápanyag-információ:Kalória: 152, zsír: 2 g, szénhidrát: 8 g, fehérje: 24 g, cukrok: 5 g, nátrium: 309 mg

Sertésszelet paradicsomsalsával Adagok: 4

Főzési idő: 15 perc

Hozzávalók:

4 sertésszelet

1 evőkanál olívaolaj

4 zöldhagyma, apróra vágva

1 teáskanál kömény, őrölt

½ evőkanál csípős paprika

1 teáskanál fokhagyma por

Egy csipet tengeri só és fekete bors

1 kisebb vöröshagyma apróra vágva

2 paradicsom, felkockázva

2 evőkanál limelé

1 jalapeno, apróra vágva

¼ csésze koriander, apróra vágva

1 evőkanál lime lé

Útvonal:

1. Melegíts fel egy serpenyőt az olajjal közepes lángon, add hozzá a zöldhagymát és pirítsd 5 percig.

2. Hozzáadjuk a húst, a köménypaprikát, a fokhagymaport, sózzuk, borsozzuk, összekeverjük, mindkét oldalát 5 percig sütjük, majd tányérokra osztjuk.

3. Egy tálban összekeverjük a paradicsomot a többi hozzávalóval, összeforgatjuk, a karaj mellé osztjuk és tálaljuk.

Tápanyag-információ:kalória 313, zsír 23,7, rost 1,7, szénhidrát 5,9, fehérje 19,2

Toszkán csirke paradicsommal, olajbogyóval és cukkinivel

Adagok: 4

Főzési idő: 20 perc

Hozzávalók:

4 csont nélküli, bőr nélküli csirkemell fél, ½-¾ hüvelyk vastagságra feltörve

1 teáskanál fokhagyma por

½ teáskanál tengeri só

⅛ teáskanál frissen őrölt fekete bors

2 evőkanál extra szűz olívaolaj

2 csésze koktélparadicsom

½ csésze szeletelt zöld olajbogyó

1 cukkini, apróra vágva

¼ csésze száraz fehérbor

Útvonal:

1. Tiszta munkafelületen dörzsölje be a csirkemelleket fokhagymaporral, sóval és őrölt fekete borssal.

2. Melegítse fel az olívaolajat egy tapadásmentes serpenyőben közepesen magas lángon, amíg csillámos nem lesz.

3. Adja hozzá a csirkehúst, és főzze 16 percig, vagy amíg a belső hőmérséklet eléri a legalább 74 °C-ot. A főzés felénél fordítsuk meg a csirkét. Tegyük egy nagy tányérra, és fedjük le alufóliával, hogy melegen tartsuk.

4. Adja hozzá a paradicsomot, az olajbogyót és a cukkinit a serpenyőbe, és párolja 4 percig, vagy amíg a zöldségek megpuhulnak.

5. Adjuk hozzá a fehérbort a serpenyőbe, és pároljuk 1 percig.

6. Távolítsuk el a fóliát, és öntsük a csirkét a zöldségekkel és azok levével, majd forrón tálaljuk.

Tápanyag-információ:kalória: 172; zsír: 11,1g; fehérje: 8,2g; szénhidrát: 7,9 g; rost: 2,1g; cukor: 4,2g; nátrium: 742 mg

Sertés saláta adagok: 4

Főzési idő: 10 perc

Hozzávalók:

1 kiló sertés pörkölt, csíkokra vágva

3 evőkanál olívaolaj

4 zöldhagyma, apróra vágva

2 evőkanál citromlé

2 evőkanál balzsamecet

2 csésze zöld saláta

1 avokádó, meghámozva, kimagozva és nagy kockákra vágva 1 uborka, szeletelve

2 paradicsom, felkockázva

Egy csipet só és fekete bors

Útvonal:

1. Melegíts fel egy serpenyőt 2 evőkanál olajjal közepes lángon, add hozzá a zöldhagymát, a húst és a citromlevet, keverd meg és süsd 10 percig.

percek.

2. Egy salátástálban keverjük össze a zöldeket a hússal és a többi hozzávalóval, keverjük össze és tálaljuk.

<u>Tápanyag-információ:</u>kalória 225, zsír 6,4, rost 4, szénhidrát 8, fehérje 11

Sertéshús adagok lime-mal és zöldbabbal

Adagok: 4

Főzési idő: 40 perc

Hozzávalók:

2 kiló sertéspörkölt, kockára vágva

2 evőkanál avokádó olaj

½ csésze zöldbab, vágva és felezve

2 evőkanál limelé

1 csésze kókusztej

1 evőkanál rozmaring, apróra vágva

Egy csipet só és fekete bors

Útvonal:

1. Melegíts fel egy serpenyőt az olajjal közepes lángon, add hozzá a húst és pirítsd 5 percig.

2. Adjuk hozzá a többi hozzávalót, óvatosan keverjük össze, forraljuk fel és főzzük közepes lángon további 35 percig.

3. Osszuk el a keveréket a tányérok között, és tálaljuk.

Tápanyag-információ:kalória 260, zsír 5, rost 8, szénhidrát 9, fehérje 13

Csirkemell adagok: 4

Főzési idő: 20 perc

Hozzávalók:

4 csirkemell filé

½ teáskanál szárított oregánó

½ teáskanál fokhagymapor

Bors ízlés szerint

Főző spray

Útvonal:

1. Fűszerezze a csirkét oregánóval, fokhagymaporral és borssal.

2. Permetezzen olajat.

3. Helyezze a légsütő kosárba.

4. Légsütjük 360 F-on 10 percig mindkét oldalon.

Sertés chilis cukkini és paradicsom adagok

Adagok: 4

Főzési idő: 35 perc

Hozzávalók:

2 paradicsom, felkockázva

2 kiló sertéspörkölt, kockára vágva

4 zöldhagyma, apróra vágva

2 evőkanál olívaolaj

1 cukkini, szeletelve

1 lime leve

2 evőkanál chili por

½ evőkanál őrölt kömény

Egy csipet tengeri só és fekete bors

Útvonal:

1. Melegíts fel egy serpenyőt az olajjal közepes lángon, add hozzá a zöldhagymát és pirítsd 5 percig.

2. Hozzáadjuk a húst, és további 5 percig pirítjuk.

3. Adjuk hozzá a paradicsomot és a többi hozzávalót, keverjük össze, főzzük közepes lángon további 25 percig, osztjuk tányérokra és tálaljuk.

Tápanyag-információ:kalória 300, zsír 5, rost 2, szénhidrát 12, fehérje 14

Sertéshús adagok olajbogyóval: 4

Főzési idő: 40 perc

Hozzávalók:

1 db sárgahagyma apróra vágva

4 sertésszelet

2 evőkanál olívaolaj

1 evőkanál édes paprika

2 evőkanál balzsamecet

¼ csésze kalamata olajbogyó, kimagozva és apróra vágva

1 evőkanál koriander, apróra vágva

Egy csipet tengeri só és fekete bors

Útvonal:

1. Melegíts fel egy serpenyőt az olajjal közepes lángon, add hozzá a hagymát és pirítsd 5 percig.

2. Hozzáadjuk a húst, és további 5 percig pirítjuk.

3. Hozzáadjuk a többi hozzávalót, összekeverjük, közepes lángon 30 percig főzzük, tányérokra osztjuk és tálaljuk.

Tápanyag-információ:kalória 280, zsír 11, rost 6, szénhidrát 10, fehérje 21

Kapros és lazac pástétom

Adagok: 4

Főzési idő: 0 perc

Hozzávalók:

hat uncia főtt lazac, csontok és bőr eltávolítása 1 evőkanál apróra vágott friss kapor

½ teáskanál tengeri só

¼ csésze tejszín (felveréshez)

Útvonal:

1. Vegyünk egy turmixgépet vagy robotgépet (vagy inkább egy nagy tálat turmixgéppel), keverjük össze a citromhéjat, a lazacot, a tejszínt, a kaprot és a sót.

2. Addig turmixoljuk, amíg a turmixhoz megfelelő állagot nem kapjuk.

Tápanyag-információ:Szénhidrát 0,4g Fehérje; 25,8 g Összes zsír: 12 g Kalória: 199 Koleszterin: 0,0 mg Rost: 0,8 g Nátrium: 296 mg

Sült alma adagok chai fűszerekkel: 5

Főzési idő: 3 óra

Hozzávalók:

5 alma

½ csésze vizet

½ csésze zúzott pekándió (opcionális)

¼ csésze olvasztott kókuszolaj

1 teáskanál őrölt fahéj

½ teáskanál őrölt gyömbér

¼ teáskanál őrölt kardamom

teáskanál őrölt szegfűszeg

Útvonal:

1. Minden almának kimagozzuk a magházát, és mindegyik tetejéről távolítsunk el egy vékony csíkot.

2. Adjunk hozzá vizet a lassú tűzhelyhez. Óvatosan helyezzen el minden almát függőlegesen az alja mentén.

3. Egy kis tálban keverje össze a pekándiót (ha használ), a kókuszolajat, a fahéjat, a gyömbért, a kardamomot és a szegfűszeget.

4. Öntse a keveréket az alma tetejére.

5. Fedjük le a tűzhelyet, és állítsuk magasra. Főzzük 2-3 órát, amíg az alma megpuhul, és tálaljuk.

Tápanyag-információ:Kalória: 217 Összes zsír: 12 g Összes szénhidrát: 30 g Cukor: 22 g Rost: 6 g Fehérje: 0 g Nátrium: 0 mg

Őszibarack ropogós adagok: 6

Főzési idő: 20 perc

Hozzávalók:

Töltő:

6 őszibarack félbevágva

1 evőkanál kókuszcukor

1 teáskanál őrölt fahéj

½ evőkanál vaj, kockára vágva

Kíséret:

½ csésze univerzális liszt

½ csésze kókuszcukor

¼ teáskanál őrölt fahéj

¼ csésze vegán vaj, kockára vágva

Útvonal:

1. Adjunk hozzá barackot egy kis tortaformába.

2. Keverje hozzá a feltét többi hozzávalóját.

3. Egy tálban összedolgozzuk a töltelék hozzávalóit.

4. Az őszibarack keverékre kenjük a tölteléket.

5. Levegőn sütjük 350 F-on 20 percig.

Őszibarack mártogatós adagok: 2

Főzési idő: 0 perc

Hozzávalók:

½ csésze zsírmentes: joghurt

1 csésze őszibarack, apróra vágva

Egy csipet fahéjpor

Egy csipet őrölt szerecsendió

Útvonal:

1. Egy tálban keverjük össze a joghurtot az őszibarackkal, a fahéjjal és a szerecsendióval.

2. Felverjük, kis tálkákba osztva tálaljuk.

Tápanyag-információ:Kalória: 165 Zsír: 2 g Rost: 3 g Szénhidrát: 14 g Fehérje: 13 g

Sárgarépa- és tökmagos keksz adagok: 40 db

Főzési idő: 15 perc

Hozzávalók:

1⅓ csésze tökmag

½ csésze csomagolt reszelt sárgarépa (kb. 1 sárgarépa) 3 evőkanál apróra vágott friss kapor

¼ teáskanál tengeri só

2 evőkanál extra szűz olívaolaj

Útvonal:

1. Melegítse elő a sütőt 180 °C-ra. Egy tepsit kibélelünk sütőpapírral.

2. A tökmagot aprítógépben daráljuk meg, majd adjuk hozzá a sárgarépát, a kaprot, a sót és az olívaolajat a robotgépbe, és jól keverjük össze.

3. Az előkészített tepsibe öntjük, majd spatulával téglalap alakúra formázzuk a keveréket.

4. Béleljen egy sütőpapírt a téglalapra, majd egy sodrófával lapítsa el a téglalapot körülbelül ⅛ hüvelyk vastagra.

5. Távolítsa el a téglalappal borított sütőpapírt, majd vágja be egy nagyon éles késsel 40 kis téglalapra.

6. Helyezze a tepsit az előmelegített sütőbe, és süsse 15 percig

percig, vagy amíg aranybarna és ropogós nem lesz.

7. Tegye át a kekszet egy nagy tányérra, és tálalás előtt hagyja néhány percig hűlni.

Tápanyag-információ:(4 keksz) kalória: 130; zsír: 11,9 g; fehérje: 5,1 g; szénhidrát: 3,8g; rost: 1,0g; cukor: 0g; nátrium: 66 mg

Húsgombóc taco tálak:

Húsgolyók:

1 font sovány darált marhahús (bármilyen őrölt hús, például sertés, pulyka vagy csirke alatt)

1 tojás

1/4 csésze finomra vágott kelkáposzta vagy ropogós fűszernövények, például petrezselyem vagy koriander (opcionális)

1 teáskanál sót

1/2 teáskanál fekete bors

taco tálak

2 csésze Enchilada szósz (egyedi termékeket használunk) 16 db húsgombóc (korábban elmentett rögzítések)

2 csésze főtt rizs, fehér vagy sötét

1 avokádó, vágva

1 csésze helyben vásárolt salsa vagy pico de gallo 1 csésze reszelt sajt

1 Jalapeno finomra vágva (elhagyható)

1 evőkanál koriander, félbevágva

1 lime, szeletekre vágva

Tortilla chips, tálaláshoz

Útvonal:

1. Készíts/fagyasztás

2. Egy nagy tálba beletesszük a darált húst, a tojást, a kelkáposztát (ha használunk), sózzuk, borsozzuk. Keverje össze kézzel, amíg egyenletesen megszilárdul

Strukturálja 16 húsgombóccá egymástól körülbelül 1 hüvelyk távolságra, és helyezze egy fóliával lezárt tepsire.

3. Ha több napig beltérben használod, tedd hűtőbe legfeljebb 2 napig.

4. Fagyás esetén a fémlemez edényt hűtőbe tesszük, amíg a húsgombóc megszilárdul. Tedd át egy hűtőtáskába. A húsgombóc hűtőszekrényben 3-4 hónapig eláll.

5. Főzni

6. Egy közepes serpenyőben forraljuk fel az enchilada szószt alacsony pörköltre. Tegye bele a húsgombócokat (nincs olyan kényszerítő ok, hogy először kiolvasztja, ha a húsgombóc volt).

megszilárdult). Süssük a húsgombócokat készre, 12 percig, ha ropogós, és 20 percig, amikor megszilárdultak.

7. Amíg a húsgombócok rotyognak, készítsünk különböző rögzítéseket.

8. Készítsen taco tálakat úgy, hogy a rizst megtölti húsgombóccal és szósszal, vágja fel az avokádót, salsát, cheddar sajtot, jalapeño darabokat és koriandert. Lime szeletekkel és tortilla chipsekkel ajándékozzuk.

Avokádó Pesto Zoodles lazac adagokkal: 4

Főzési idő: 25 perc

Hozzávalók:

1 evőkanál pesto

1 citrom

2 fagyasztott/friss lazac steak

1 nagy cukkini, spirálozva

1 evőkanál fekete bors

1 avokádó

1/4 csésze parmezán sajt, reszelve

olasz fűszerezés

Útvonal:

1. Melegítsük elő a sütőt 375 F-ra. Ízesítsük a lazacot olasz fűszerezéssel, sózzuk és borsozzuk, és süssük 20 percig.

2. Adja hozzá az avokádót a tálba egy evőkanál borssal, citromlével és egy evőkanál pestóval. Az avokádót pépesítjük, és félretesszük.

3. Adja hozzá a cukkinis tésztát egy tálalótálhoz, majd az avokádó és lazac keveréket.

4. Megszórjuk sajttal. Adjunk hozzá még pestot, ha szükséges. Élvezd!

Tápanyag-információ:128 kalória 9,9 g zsír 9 g összes szénhidrát 4 g fehérje

Kurkuma, alma és hagymás édesburgonya csirkével

Adagok: 4

Főzési idő: 45 perc

Hozzávalók:

2 evőkanál sótlan vaj, szobahőmérsékleten 2 közepes édesburgonya

1 nagy Granny Smith alma

1 közepes vöröshagyma, vékonyra szeletelve

4 csontos és bőrös csirkemell

1 teáskanál sót

1 teáskanál kurkuma

1 teáskanál szárított zsálya

¼ teáskanál frissen őrölt fekete bors

1 csésze almabor, fehérbor vagy csirkehúsleves Útvonal:

1. Melegítse elő a sütőt 400°F-ra. A tepsit kikenjük vajjal.

2. Az édesburgonyát, az almát és a hagymát egy rétegben elhelyezzük a tepsiben.

3. Tegye a csirkét a bőrével felfelé, és ízesítse sóval, kurkumával, zsályával és borssal. Adjuk hozzá az almabort.

4. 35-40 percen belül megsütjük. Kivesszük, 5 percig állni hagyjuk és tálaljuk.

Tápanyag-információ:Kalória 386 Összes zsír: 12 g Összes szénhidrát: 26 g Cukor: 10 g Rost: 4 g Fehérje: 44 g Nátrium: 932 mg

Sült fűszernövényes lazacsteak adagok: 4

Főzési idő: 5 perc

Hozzávalók:

1 font lazac steak, leöblítve 1/8 tk. cayenne bors 1 tk. csilipor

½ teáskanál kömény

2 gerezd fokhagyma, felaprítva

1 evőkanál olívaolaj

tk sót

1 teáskanál frissen őrölt fekete bors

Útvonal:

1. Melegítse elő a sütőt 350 F-ra.

2. Egy tálban keverje össze a cayenne borsot, a chili port, a köményt, a sót és a fekete borsot. Félretesz.

3. A lazacfilét meglocsoljuk olívaolajjal. Dörzsölje mindkét oldalát. Dörzsöljük bele a fokhagymát és az elkészített fűszerkeveréket. 10 percig állni hagyjuk.

4. Miután hagyta, hogy az ízek összeérjenek, készítsünk elő egy tűzálló serpenyőt.

Az olívaolajat felforrósítjuk. Ha már felforrt, fűszerezzük a lazacot 4 percig mindkét oldalán.

5. Helyezze át a serpenyőt a sütő belsejébe. 10 percig sütjük. Szolgál.

Tápanyag-információ:Kalória 210 Szénhidrát: 0 g Zsír: 14 g Fehérje: 19 g

Adagok olasz stílusú tofuból és nyári zöldségekből: 4

Főzési idő: 20 perc

Hozzávalók:

2 nagy cukkini ¼ hüvelykes szeletekre vágva

2 nagy nyári tök hüvelyk vastag szeletekre vágva 1 font kemény tofu, 1 hüvelykes kockákra vágva

1 csésze zöldségleves vagy víz

3 evőkanál extra szűz olívaolaj

2 gerezd fokhagyma, szeletelve

1 teáskanál sót

1 teáskanál olasz fűszernövény fűszer

¼ teáskanál frissen őrölt fekete bors

1 evőkanál darált friss bazsalikom

Útvonal:

1. Melegítse elő a sütőt 400°F-ra.

2. Keverje össze a cukkinit, a tököt, a tofut, a húslevest, az olajat, a fokhagymát, a sót, az olasz fűszernövény-keveréket és a borsot egy nagy peremes tepsiben, és jól keverje össze.

3. 20 percen belül megsütjük.

4. Megszórjuk bazsalikommal és tálaljuk.

Tápanyag-információ:Kalória 213 Összes zsír: 16 g Összes szénhidrát: 9 g Cukor: 4 g Rost: 3 g Fehérje: 13 g Nátrium: 806 mg

Eper és kecskesajt saláta Hozzávalók

1 kiló ropogós eper, felkockázva

Tetszés szerint: 1-2 teáskanál nektár vagy juharszirup, ízlés szerint 2 uncia szétesett cheddar kecskesajt (kb. ½ csésze) ¼ csésze apróra vágott ropogós bazsalikom, plusz néhány apró bazsalikomlevél a díszítéshez

1 evőkanál extra szűz olívaolaj

1 evőkanál sűrű balzsamecet*

½ teáskanál pelyhes Maldon tengeri só vagy egy év nem elegendő

teáskanál finom tengeri só

Ropogósra őrölt fekete bors

Útvonal:

1. Terítse el a felkockázott epret egy közepes tálra vagy egy sekély tálba. Abban az esetben, ha az eper nem olyan édes, mint szeretné, dobja meg egy nektárral vagy juharsziruppal.

2. Az eperre szórjuk a szétesett kecske-cheddart, utána az apróra vágott bazsalikomot. A tetejét meglocsoljuk olívaolajjal és balzsamecettel.

3. A kevert zöldekből készült tányért sóval, néhány darab ropogósra őrölt feketeborssal és a tartósított bazsalikomlevéllel fényesítsük ki. A nagyszerű bemutatkozás érdekében gyorsan tálaljuk a mesclun tálat.

A maradékok azonban körülbelül 3 napig jól elállnak a hűtőszekrényben.

Karfiol és kurkuma tőkehalpörkölt adagok: 4

Főzési idő: 30 perc

Hozzávalók:

½ kiló karfiol rózsa

1 font tőkehalfilé, csont nélkül, bőr nélkül és felkockázva 1 evőkanál olívaolaj

1 db sárgahagyma apróra vágva

½ teáskanál köménymag

1 zöld chili, apróra vágva

teáskanál kurkuma por

2 apróra vágott paradicsom

Egy csipet só és fekete bors

½ csésze csirkehúsleves

1 evőkanál koriander, apróra vágva

Útvonal:

1. Melegíts fel egy serpenyőt az olajjal közepes lángon, add hozzá a hagymát, a chilit, a köményt és a kurkumát, keverd össze és főzd 5 percig.

2. Adjuk hozzá a karfiolt, a halat és a többi hozzávalót, keverjük össze, forraljuk fel és főzzük közepes lángon még 25 percig.

3. A pörköltet tálkákba osztjuk és tálaljuk.

Tápanyag-információ:kalória 281, zsír 6, rost 4, szénhidrát 8, fehérje 12

Egy adag diós és spárgás finomságok: 4

Főzési idő: 5 perc

Hozzávalók:

1 és ½ evőkanál olívaolaj

¾ font spárga, vágva

¼ csésze dió, apróra vágva

Napraforgómag és bors ízlés szerint

Útvonal:

1. Helyezzen egy serpenyőt közepes lángra, adjon hozzá olívaolajat, és hagyja felmelegedni.

2. Adjuk hozzá a spárgát, pirítsuk 5 percig, amíg aranybarna nem lesz.

3. Napraforgómaggal és borssal ízesítjük.

4. Vegye le a hőt.

5. Adjunk hozzá diót és keverjük össze.

Tápanyag-információ:Kalória: 124 Lipid: 12 g Szénhidrát: 2 g Fehérjék: 3 g

Alfredo cukkini tészta Hozzávalók:

2 közepes cukkini, spirálozva

1-2 TB vegán parmezán (elhagyható)

Gyors Alfredo szósz

1/2 csésze nyers kesudió néhány órára áztatva vagy forrásban lévő vízben 10 percre

2 TB citromlé

3 TB tápláló élesztő

2 tk fehér miso (lehet tamari sub, szójaszósz vagy kókusz aminosav)

1 teáskanál hagymapor

1/2 teáskanál fokhagyma por

1/4-1/2 csésze víz

Útvonal:

1. Spirálozzuk a cukkinis tésztát.

2. Tegye az összes Alfredo rögzítőt egy gyors turmixgépbe (1/4 csésze vízzel kezdve), és turmixolja simára. Abban az esetben, ha a szósz túl sűrű, adj hozzá egy-egy evőkanál vizet, amíg el nem éred a kívánt állagot.

3. A cukkinis tészta tetejét Alfredo szósszal és ha kívánja, egy zöldséges babakocsival is megkenjük.

Quinoa pulyka csirke Hozzávalók:

1 csésze quinoa, leöblítve

3-1/2 csésze víz, elkülönítve

1/2 font sovány őrölt pulyka

1 hatalmas édes hagyma, apróra vágva

1 közepes édes pirospaprika, darálva

4 gerezd fokhagyma, felaprítva

1 evőkanál babpörkölt por

1 evőkanál őrölt kömény

1/2 teáskanál őrölt fahéj

2 üveg (egyenként 15 uncia) fekete bab, leöblítve és lecsepegtetve 1 doboz (28 uncia) zúzott paradicsom

1 közepes cukkini csíkokra vágva

1 chipotle paprika adobo szószban, csíkokra vágva

1 evőkanál adobo szósz

1 zsugorított levél

1 teáskanál szárított oregánó

1/2 teáskanál só

1/4 teáskanál bors

1 csésze megszilárdult kukorica, felengedve

1/4 csésze apróra vágott ropogós koriander

Különleges feltétek: Kocka avokádó, Megsemmisült Monterey Jack Cheddar

Útvonal:

1. Egy hatalmas serpenyőben forraljunk fel quinoát és 2 csésze vizet. Csökkentse a hőt; hosszabbítsa meg és párolja 12-15 percig, vagy amíg a víz visszatartja. Távolítsa el a hőt; villával hígítjuk, és biztonságos helyre tesszük.

2. Ezután egy hatalmas serpenyőben, főzőzuhannyal bélelt, közepes lángon főzzük a pulykát, a hagymát, a pirospaprikát és a fokhagymát, amíg a hús már nem rózsaszínű lesz, és a zöldségek megpuhulnak; csatorna. Keverje hozzá a babpörkölt port, a köményt és a fahéjat; főzzük még 2 percig.

Kívánt esetben tetszőleges feltétekkel is adjuk.

3. Adjon hozzá fekete babot, paradicsomot, cukkinit, chipotle borsot, adobo szószt, egészséges levelet, oregánót, sót, borsot és a maradék vizet.

Forrásig melegítjük. Csökkentse a hőt; megkenjük és 30-ig pároljuk percek. Keverje hozzá a kukoricát és a quinoát; átmelegíteni. Távolítsa el a keskeny levelet; belekeverjük a koriandert. Igény szerint tetszőleges kötésekkel ajándékozzuk.

4. Fagyasztási alternatíva: Fagyassza le a lehűtött pörköltet hűvösebb rekeszekben.

Felhasználáshoz, középtávon, a hűtőszekrényben teljesen fel kell olvasztani. Melegítse fel egy serpenyőben, időnként megkeverve; tartalmazzon gyümölcsleveket vagy vizet, ha létfontosságú.

Fokhagymás és tök tészta adagok: 4

Főzési idő: 15 perc

Hozzávalók:

A szósz elkészítéséhez

csésze kókusztej

6 nagy randevú

2/3 g kókuszreszelék

6 gerezd fokhagyma

2 evőkanál gyömbér paszta

2 evőkanál vörös curry paszta

Tészta elkészítéséhez

1 nagy tök tészta

½ sárgarépa, juliened

½ cukkini, juliened

1 kis piros paprika

¼ csésze kesudió

Útvonal:

1. A szósz elkészítéséhez keverje össze az összes hozzávalót, és készítsen sűrű pürét.

2. A spagetti tököt hosszában vágjuk és tésztát készítünk belőle.

3. Enyhén megkenjük a tepsit olívaolajjal, és 40°C-on 5-6 percig sütjük a tök tésztát.

4. Tálaláshoz keverje össze a tésztát és pépesítse egy tálban. Vagy tálaljuk a pépet a tésztával.

Tápanyag-információ:Kalória 405 Szénhidrát: 107 g Zsír: 28 g Fehérje: 7 g

Párolt pisztráng vesebabbal és chilis salsával

Tálalás mérete: 1

Főzési idő: 16 perc

Hozzávalók:

4 ½ uncia koktélparadicsom felezve

1/4 avokádó, hámozatlan

6 oz bőr nélküli tengeri pisztráng filé

Korianderlevél, tálalni

2 teáskanál olívaolaj

Lime szeletek, tálaláshoz

4 ½ dl konzerv bab, leöblítve és lecsepegtetve 1/2 vöröshagyma, vékonyra szeletelve

1 evőkanál ecetes jalapeno paprika, lecsepegtetve

1/2 teáskanál őrölt kömény

4 szicíliai olajbogyó/zöld olajbogyó

Útvonal:

1. Helyezzen egy párolókosarat egy edény forrásban lévő víz fölé. Tegyük a halat a kosárba, és fedjük le, főzzük 10-12 percig.

2. Vegye ki a halat, majd hagyja pihenni néhány percig. Közben egy serpenyőben kevés olajat előmelegítünk.

3. Adjunk hozzá ecetes jalapenót, vesebabot, olajbogyót, 1/2 teáskanál köményt és koktélparadicsomot. Körülbelül 4-5 percig főzzük állandó keverés mellett.

4. Öntsük a babpasztát egy tálra, majd a pisztrángot.

Adjunk hozzá koriandert és hagymát a tetejére.

5. Lime szeletekkel és avokádóval tálaljuk. Élvezze a párolt tengeri pisztrángot vörösbabbal és chilis salsával!

Tápanyag-információ:243 kalória 33,2 g zsír 18,8 g összes szénhidrát 44 g fehérje

Édesburgonyás pulykaleves adagok: 4

Főzési idő: 45 perc

Hozzávalók:

2 evőkanál olívaolaj

1 db sárgahagyma apróra vágva

1 zöld kaliforniai paprika, apróra vágva

2 édesburgonya, meghámozva és kockákra vágva

1 kiló pulykamell, bőr nélkül, kicsontozva és felkockázva 1 teáskanál koriander, őrölt

Egy csipet só és fekete bors

1 teáskanál édes paprika

6 csésze csirkehúsleves

1 lime leve

Egy marék apróra vágott petrezselyem

Útvonal:

1. Melegíts fel egy serpenyőt az olajjal közepes lángon, add hozzá a hagymát, a kaliforniai paprikát és az édesburgonyát, keverd össze és főzd 5 percig.

2. Hozzáadjuk a húst, és további 5 percig pirítjuk.

3. Adjuk hozzá a többi hozzávalót, keverjük össze, forraljuk fel és főzzük közepes lángon további 35 percig.

4. A levest tálakba merítjük és tálaljuk.

Tápanyag-információ:kalória 203, zsír 5, rost 4, szénhidrát 7, fehérje 8

Grillezett lazac adagok misóval: 2

Főzési idő: 20 perc

Hozzávalók:

2 evőkanál. juharszirup

2 citrom

¼ csésze miso

vs. Őrölt bors

2 lime

2 ½ lb lazac, bőrrel

Csipet cayenne bors

2 evőkanál. extra szűz olívaolaj

¼ csésze miso

Útvonal:

1. Először egy kis tálban keverje össze a lime levét és a citromlevet, amíg jól el nem keveredik.

2. Ezután adjuk hozzá a misót, a cayenne borsot, a juharszirupot, az olívaolajat és a borsot. Jól összekeverni.

3. Ezután sütőpapírral bélelt tepsire helyezzük a lazacot, bőrével lefelé.

4. Bőségesen kenje meg a lazacot a citromos miso keverékkel.

5. Most a vágott oldalukkal felfelé helyezze az oldalára a félbevágott citrom és lime darabokat.

6. Végül főzzük őket 8-12 percig, vagy amíg a hal megpuhul.

Tápanyag-információ:Kalória: 230 kcal Fehérje: 28,3 g Szénhidrát: 6,7 g Zsír: 8,7 g

A leveles tészta filé adagjai egyszerűen megpirítva: 6

Főzési idő: 8 perc

Hozzávalók:

6 tilápia filé

2 evőkanál olívaolaj

1 darab citrom, leve

Só és bors ízlés szerint

csésze petrezselyem vagy koriander, apróra vágva

Útvonal:

1. Pároljuk meg a tilápiafiléket olívaolajon egy közepes serpenyőben, közepes lángon. Mindkét oldalát 4 percig sütjük, amíg a hal villával könnyen fel nem válik.

2. Sózzuk és borsozzuk ízlés szerint. Minden filére öntsünk citromlevet.

3. Tálaláskor a főtt filéket megszórjuk apróra vágott petrezselyemmel vagy korianderrel.

Tápanyag-információ:Kalória: 249 Kalória: 8,3 g Fehérje: 18,6 g Szénhidrát: 25,9

Rost: 1g

Fehér hallé zöldségekkel

Adagok: 6-8

Főzési idő: 32-35 perc

Hozzávalók:

3 édesburgonya, meghámozva és ½ hüvelykes darabokra vágva 4 sárgarépa, meghámozva és ½ hüvelykes darabokra vágva 3 csésze teljes kókusztej

2 csésze víz

1 teáskanál szárított kakukkfű

½ teáskanál tengeri só

10 ½ uncia (298 g) kemény, bőr nélküli fehér hal, például tőkehal vagy laposhal, darabokra vágva

Útvonal:

1. Adjunk hozzá édesburgonyát, sárgarépát, kókusztejet, vizet, kakukkfüvet és tengeri sót egy nagy serpenyőbe nagy lángon, és forraljuk fel.

2. Csökkentse a hőt alacsonyra, fedje le és párolja 20 percig, amíg a zöldségek megpuhulnak, időnként megkeverve.

3. Öntsük a leves felét egy turmixgépbe, és pürésítsük addig, amíg jól el nem keveredik, majd tegyük vissza a serpenyőbe.

4. Adja hozzá a haldarabokat, és folytassa a főzést további 12 darabig

15 percig, vagy amíg a hal meg nem fő.

5. A tűzről levéve tálakban tálaljuk.

<u>Tápanyag-információ:</u>kalória: 450; zsír: 28,7 g; fehérje: 14,2g; szénhidrát: 38,8 g; rost: 8,1g; cukor: 6,7 g; nátrium: 250 mg

Adagok citromos kagylóból: 4

Hozzávalók:

1 evőkanál. extra szűz extra szűz olívaolaj 2 gerezd fokhagyma, darálva

2 font. megmosott kagyló

citrom leve

Útvonal:

1. Öntsön vizet egy serpenyőbe, adja hozzá a kagylókat, forralja fel közepes lángon, főzze 5 percig, dobja ki a bontatlan kagylókat, és tegye át egy tálba.

2. Egy másik tálban keverjük össze az olajat a fokhagymával és a frissen facsart citromlével, jól keverjük össze és adjuk a kagylóhoz, keverjük össze és tálaljuk.

3. Jó szórakozást!

Tápanyag-információ:Kalória: 140, Zsír: 4 g, Szénhidrát: 8 g, Fehérje: 8 g, Cukor: 4 g, Nátrium: 600 mg,

Lazac adagok lime-mal és chilivel: 2

Főzési idő: 8 perc

Hozzávalók:

1 kiló lazac

1 evőkanál lime lé

½ teáskanál bors

½ teáskanál chili por

4 szelet lime

Útvonal:

1. Csorgassunk lime levet a lazacra.

2. Mindkét oldalát megszórjuk borssal és chiliporral.

3. Adja hozzá a lazacot a légsütőhöz.

4. Helyezze a lime szeleteket a lazacra.

5. Levegőn sütjük 375 °F-on 8 percig.

Sajtos tonhaltészta adagok: 3-4

Hozzávalók:

2 ágyas. Rakéta

vs. apróra vágott zöldhagyma

1 evőkanál. vörös ecet

5 uncia tonhalkonzervet lecsepegtetve

vs. fekete bors

2 uncia. főtt teljes kiőrlésű tészta

1 evőkanál. olivaolaj

1 evőkanál. reszelt világos parmezán sajt

Útvonal:

1. A tésztát sótlan vízben készre főzzük. Drain és tartalék.

2. Egy nagy tálban keverje össze a tonhalat, a zöldhagymát, az ecetet, az olajat, a rukkolát, a tésztát és a fekete borsot, amíg jól el nem keveredik.

3. Jól összekeverjük, és megszórjuk sajttal.

4. Tálaljuk és élvezzük.

Tápanyag-információ:Kalória: 566,3, zsír: 42,4 g, szénhidrát: 18,6 g, fehérje: 29,8 g, cukrok: 0,4 g, nátrium: 688,6 mg

Kókuszos halcsíkok adagok: 4

Főzési idő: 12 perc

Hozzávalók:

Pác

1 evőkanál szójaszósz

1 teáskanál őrölt gyömbér

½ csésze kókusztej

2 evőkanál juharszirup

½ csésze ananászlé

2 teáskanál forró szósz

Hal

1 kg halfilé, csíkokra szeletelve

Bors ízlés szerint

1 csésze zsemlemorzsa

1 csésze kókuszreszelék (cukrozatlan)

Főző spray

Útvonal:

1. Keverje össze a pác hozzávalóit egy tálban.

2. Adja hozzá a halcsíkokat.

3. Fedjük le és tegyük hűtőbe 2 órára.

4. Melegítse elő a légsütőt 375 F-ra.

5. Egy tálban keverjük össze a borsot, a zsemlemorzsát és a kókuszreszeléket.

6. A halcsíkokat mártsuk a zsemlemorzsás keverékbe.

7. Permetezze be olajjal a légsütő kosarát.

8. Tegye a halcsíkokat a légsütő kosarába.

9. Süssük levegőn 6 percig mindkét oldalon.

Adagok mexikói halból: 2

Főzési idő: 10 perc

Hozzávalók:

4 db halfilé

2 teáskanál mexikói oregánó

4 teáskanál kömény

4 teáskanál chili por

Bors ízlés szerint

Caisson aeroszol

Útvonal:

1. Melegítse elő a légsütőt 400 F-ra.

2. A halat meglocsoljuk olajjal.

3. Fűszerekkel és borssal fűszerezzük a hal mindkét oldalát.

4. Helyezze a halat a légsütő kosarába.

5. Főzzük 5 percig.

6. Fordítsuk meg és főzzük további 5 percig.

Pisztráng uborkasalsával Adagok: 4

Főzési idő: 10 perc

Hozzávalók:

Salsa:

1 angol uborka, kockára vágva

¼ csésze cukrozatlan kókuszjoghurt

2 evőkanál apróra vágott friss menta

1 zöldhagyma, fehér és zöld részek, apróra vágva

1 teáskanál nyers méz

Tengeri só

Hal:

4 pisztrángfilé (5 uncia), szárazra simítva

1 evőkanál olívaolaj

Tengeri só és frissen őrölt fekete bors ízlés szerint<u>Útvonal:</u>

1. Készítsen salsát: Keverje össze a joghurtot, az uborkát, a mentát, a zöldhagymát, a mézet és a tengeri sót egy kis tálban, amíg teljesen össze nem áll. Félretesz.

2. Tiszta munkafelületen finoman dörzsölje be a pisztrángfilét tengeri sóval és borssal.

3. Melegítse fel az olívaolajat egy nagy serpenyőben közepes lángon. Tegye a pisztrángfilét a forró serpenyőbe, és süsse körülbelül 10 percig, miközben a halat a főzés felénél megfordítja, vagy amíg a hal ízlése szerint meg nem sül.

4. Kenjük meg a salsával a halat, és tálaljuk.

Tápanyag-információ:kalória: 328; zsír: 16,2 g; fehérje: 38,9g; szénhidrát: 6,1 g

; rost: 1,0g; cukor: 3,2g; nátrium: 477 mg

Citromos Zoodle garnélarák adagokkal: 4

Főzési idő: 0 perc

Hozzávalók:

Szósz:

½ csésze csomagolt friss bazsalikomlevél

1 citrom leve (vagy 3 evőkanál)

1 teáskanál darált fokhagyma üvegben

csipet tengeri só

Csipetnyi frissen őrölt fekete bors

¼ csésze konzerv teljes kókusztej

1 nagy sárga tök, zsugorított vagy spirálozva 1 nagy cukkini, juliened vagy spirálozva

1 font (454 g) garnélarák, kifőzve, főtt, hámozott és hűtve 1 citrom héja (opcionális)

Útvonal:

1. A szósz elkészítése: A bazsalikomleveleket, a citromlevet, a fokhagymát, a tengeri sót és a borsot aprítógépben apróra vágjuk.

2. Lassan öntsük bele a kókusztejet, miközben a robot forog. Pulzálj simára.

3. Tegye át a szószt egy nagy tálba, a sárgatökkel és a cukkinivel együtt. Jól összekeverni.

4. Szórjuk rá a garnélarákot és a citromhéjat (ha szükséges) a tésztára. Azonnal tálaljuk.

Tápanyag-információ:kalória: 246; zsír: 13,1g; fehérje: 28,2g; szénhidrát: 4,9 g

; rost: 2,0g; cukor: 2,8g; nátrium: 139 mg

Ropogós garnélarák adagok: 4

Főzési idő: 3 perc

Hozzávalók:

1 lb garnélarák, meghámozva és kivágva

½ csésze halpanírozó keverék

Főző spray

Útvonal:

1. Melegítse elő a légsütőt 390 F-ra.

2. Szórjuk meg a garnélarákot olajjal.

3. Kenjük be panírozó keverékkel.

4. Permetezze be a levegős sütőkosarat olajjal.

5. Tegye a garnélarákot a légsütő kosarába.

6. 3 percig főzzük.

Grillezett tengeri sügér adagok: 2

Hozzávalók:

2 gerezd darált fokhagyma

Bors.

1 evőkanál. citromlé

2 fehér sügér filé

vs. fűszernövény fűszerkeverék

Útvonal:

1. Egy csöpögő serpenyőt meglocsolunk kevés olívaolajjal, és ráhelyezzük a filéket.

2. A filéket citromlével, fokhagymával és fűszerekkel meglocsoljuk.

3. Grill körülbelül 10 percig, vagy amíg a hal aranybarna nem lesz.

4. Ízlés szerint párolt spenótágyon tálaljuk.

Tápanyag-információ:Kalória: 169, zsír: 9,3 g, szénhidrát: 0,34 g, fehérje: 15,3

g, cukrok: 0,2 g, nátrium: 323 mg

Lazacpogácsa adagok: 4

Főzési idő: 10 perc

Hozzávalók:

Főző spray

1 lb lazacfilé, morzsolva

¼ csésze mandulaliszt

2 teáskanál Old Bay fűszer

1 zöldhagyma, apróra vágva

Útvonal:

1. Melegítse elő a légsütőt 390 F-ra.

2. Permetezze be olajjal a légsütő kosarát.

3. Egy tálban keverjük össze a többi hozzávalót.

4. Pogácsákat formázunk a keverékből.

5. A pogácsák mindkét oldalát meglocsoljuk olajjal.

6. 8 percig levegőn sütjük.

Fűszeres tőkehal adagok: 4

Hozzávalók:

2 evőkanál. Apróra vágott friss petrezselyem

2 font. tőkehal filé

2 ágyas. alacsony nátriumtartalmú salsa

1 evőkanál. íztelen olaj

Útvonal:

1. Melegítse elő a sütőt 350°F-ra.

2. Egy nagy tepsi alját meglocsoljuk olajjal.

A tőkehalfilét elrendezzük az edényben. Öntsük a salsát a halra. Alufóliával letakarjuk 20 percre. A főzés utolsó 10 percében vegyük le a fóliát.

3. Süssük 20-30 percig, amíg a hal pelyhes lesz.

4. Fehér vagy barna rizzsel tálaljuk. Díszítsük petrezselyemmel.

Tápanyag-információ:Kalória: 110, zsír: 11 g, szénhidrát: 83 g, fehérje: 16,5 g, cukrok: 0 g, nátrium: 122 mg

Füstölt pisztrángkrém adagok: 2

Hozzávalók:

2 teáskanál. Friss citromlé

½ tk. alacsony zsírtartalmú túró

1 szár zeller, felkockázva

¼ font bőr nélküli füstölt pisztrángfilé,

½ tk. Worcestershire szósz

1 C. Csili szósz

vs. durvára vágott vöröshagyma

Útvonal:

1. Keverje össze a pisztrángot, a túrót, a lilahagymát, a citromlevet, a csípős paprikaszószt és a Worcestershire szószt egy turmixgépben vagy robotgépben.

2. Keverje simára, és szükség szerint lekaparja a tál oldalát.

3. Keverje hozzá a felkockázott zellert.

4. Tárolja légmentesen záródó edényben a hűtőszekrényben.

Tápanyag-információ:Kalória: 57, Zsír: 4 g, Szénhidrát: 1 g, Fehérje: 4 g, Cukor: 0 g, Nátrium: 660 mg

Tonhal és medvehagyma adagok: 4

Hozzávalók:

½ tk. alacsony nátriumtartalmú csirkehúsleves

1 evőkanál. olivaolaj

4 csont nélküli, bőr nélküli tonhalfilé

2 medvehagyma, apróra vágva

1 C. édes paprika

2 evőkanál. zöld-citrom lé

vs. fekete bors

Útvonal:

1. Melegíts fel egy serpenyőt az olajjal közepes-nagy lángon, add hozzá a medvehagymát és pirítsd 3 percig.

2. Adja hozzá a halat, és süsse mindkét oldalát 4 percig.

3. Hozzáadjuk a többi hozzávalót, további 3 percig főzzük, tányérokra osztjuk és tálaljuk.

Tápanyag-információ:Kalória: 4040, zsír: 34,6 g, szénhidrát: 3 g, fehérje: 21,4 g, cukrok: 0,5 g, nátrium: 1000 mg

Egy adag citromborsos garnélarák: 2

Főzési idő: 10 perc

Hozzávalók:

1 evőkanál citromlé

1 evőkanál olívaolaj

1 teáskanál citrombors

¼ teáskanál fokhagymapor

teáskanál paprika

12 uncia garnélarák, meghámozva és kivágva

Útvonal:

1. Melegítse elő a légsütőt 400 F-ra.

2. Keverje össze a citromlevet, az olívaolajat, a citromborsot, a fokhagymaport és a paprikát egy tálban.

3. Keverje hozzá a garnélarákot, és egyenletesen kenje be a keverékkel.

4. Adja hozzá a légsütőhöz.

5. Főzzük 8 percig.

Forró tonhal steak adagok: 6

Hozzávalók:

2 evőkanál. Friss citromlé

Bors.

Fokhagymás és sült narancsos majonéz

vs. egész fekete bors

6 szeletelt tonhal steak

2 evőkanál. extra szűz olívaolaj

Só

Útvonal:

1. Helyezze a tonhalat egy tálba, hogy elférjen. Adjunk hozzá olajat, citromlevet, sót és borsot. Forgassuk meg a tonhalat, hogy jól bevonja a páccal. 15-20-ig állni hagyjuk

perc, egyszer elfordítva.

2. Helyezze a borsot egy dupla réteg műanyag zacskóba. A borsot vastag aljú serpenyővel vagy kis kalapáccsal ütögesse meg, hogy durvára törje őket. Helyezze egy nagy tányérra.

3. Ha készen áll a tonhal főzésére, a széleit mártsa bele a törött borsba. Melegítsünk fel egy tapadásmentes serpenyőt közepes lángon. A közepesen ritka halak esetében süsse meg a tonhalszeleteket, ha szükséges, adagonként 4 percig mindkét oldalát, ha szükséges, adjon hozzá 2-3 evőkanál pácot a serpenyőbe, hogy megakadályozza a ragadást.

4. Narancsos és pirított fokhagymás majonézzel megkenve tálaljukTápanyag-információ:Kalória: 124, zsír: 0,4 g, szénhidrát: 0,6 g, fehérje: 28 g, cukrok: 0 g, nátrium: 77 mg

Cajun lazac adagok: 2

Főzési idő: 10 perc

Hozzávalók:

2 lazac filé

Főző spray

1 evőkanál Cajun fűszer

1 evőkanál méz

Útvonal:

1. Melegítse elő a légsütőt 390 F-ra.

2. A hal mindkét oldalát meglocsoljuk olajjal.

3. Megszórjuk Cajun fűszerezéssel.

4. Permetezze be a levegős sütőkosarat olajjal.

5. Tegye a lazacot a légsütő kosarába.

6. 10 percig levegőn sütjük.

Lazac tál quinoával és zöldségekkel

Adagok: 4

Főzési idő: 0 perc

Hozzávalók:

1 font (454 g) főtt lazac, morzsolva

4 csésze főtt quinoa

6 retek vékonyra szeletelve

1 cukkini félholdokra vágva

3 csésze rukkola

3 zöldhagyma, felaprítva

½ csésze mandulaolaj

1 teáskanál forró szósz cukor nélkül

1 evőkanál almaecet

1 teáskanál tengeri só

½ csésze pirított reszelt mandula, díszítéshez (opcionális)Útvonal:

1. Egy nagy tálban keverjük össze a morzsolt lazacot, a főtt quinoát, a retket, a cukkinit, a rukkolát és a zöldhagymát, és jól keverjük össze.

2. Keverje hozzá a mandulaolajat, a csípős szószt, az almaecetet és a tengeri sót, majd keverje össze.

3. Osszuk el a keveréket négy tálba. Kívánság szerint minden edényt egyenletesen szórjunk meg mandulaszeletekkel díszítéshez. Azonnal tálaljuk.

Tápanyag-információ:kalória: 769; zsír: 51,6 g; fehérje: 37,2g; szénhidrát: 44,8 g; rost: 8,0g; cukor: 4,0g; nátrium: 681 mg

Panírozott hal adagok: 4

Főzési idő: 15 perc

Hozzávalók:

¼ csésze olívaolaj

1 csésze száraz zsemlemorzsa

4 db fehér halfilé

Bors ízlés szerint

Útvonal:

1. Melegítse elő a légsütőt 350 F-ra.

2. A hal mindkét oldalát megszórjuk borssal.

3. Keverje össze az olajat és a zsemlemorzsát egy tálban.

4. Mártsuk a halat a keverékbe.

5. Nyomja le a zsemlemorzsát, hogy megtapadjon.

6. Helyezze a halat a légsütőbe.

7. Főzzük 15 percig.

Egyszerű lazacpogácsák adagjai: 4

Főzési idő: 8-10 perc

Hozzávalók:

1 font (454 g) csont nélküli, bőr nélküli lazacfilé, darált ¼ csésze darált édes hagyma

½ csésze mandulaliszt

2 gerezd fokhagyma, felaprítva

2 tojás, felvert

1 teáskanál dijoni mustár

1 evőkanál frissen facsart citromlé

Darabolt pirospaprika pehely

½ teáskanál tengeri só

¼ teáskanál frissen őrölt fekete bors

1 evőkanál avokádó olaj

Útvonal:

1. A darált lazacot, az édes hagymát, a mandulalisztet, a fokhagymát, a felvert tojást, a mustárt, a citromlevet, a pirospaprika pelyhet, a tengeri sót és a borsot egy nagy tálban összekeverjük, és jól keverjük.

2. Hagyja állni a lazac keveréket 5 percig.

3. Távolítsa el a lazac keveréket, és formázzon négy ½ hüvelyk vastag pogácsát a kezével.

4. Melegítse fel az avokádóolajat egy nagy serpenyőben közepes lángon. Tegye a pogácsákat a forró serpenyőbe, és süsse mindkét oldalát 4-5 percig, amíg enyhén megpirul és átsül.

5. A tűzről levéve tányéron tálaljuk.

Tápanyag-információ:kalória: 248; zsír: 13,4 g; fehérje: 28,4g; szénhidrát: 4,1 g

; rost: 2,0g; cukor: 2,0 g; nátrium: 443 mg

Popcorn garnélarák adagok: 4

Főzési idő: 10 perc

Hozzávalók:

½ teáskanál hagymapor

½ teáskanál fokhagymapor

½ teáskanál paprika

¼ teáskanál őrölt mustár

⅛ teáskanál szárított zsálya

⅛ teáskanál őrölt kakukkfű

⅛ teáskanál szárított oregánó

⅛ teáskanál szárított bazsalikom

Bors ízlés szerint

3 evőkanál kukoricakeményítő

1 lb garnélarák, meghámozva és kivágva

Főző spray

Útvonal:

1. Keverje össze az összes hozzávalót a garnélarák kivételével egy tálban.

2. Kenjük be a garnélarákot a keverékkel.

3. Permetezzen olajat a légsütő kosarára.

4. Melegítse elő a légsütőt 390 F-ra.

5. Adjunk hozzá garnélarákot.

6. 4 percig levegőn sütjük.

7. Rázza fel a kosarat.

8. Főzzük további 5 percig.

Fűszeres sült hal adagok: 5

Hozzávalók:

1 evőkanál. olivaolaj

1 C. fűszerezés fűszersó nélkül

1 lb lazac filé

Útvonal:

1. Melegítse elő a sütőt 350 F-ra.

2. A halat meglocsoljuk olívaolajjal és fűszerekkel.

3. Fedő nélkül 15 percig sütjük.

4. Szeleteljük és tálaljuk.

Tápanyag-információ:Kalória: 192, zsír: 11 g, szénhidrát: 14,9 g, fehérje: 33,1 g, cukrok: 0,3 g, nátrium: 505 6 mg

Paprikás tonhal adagok: 4

Hozzávalók:

½ tk. csilipor

2 teáskanál. édes paprika

vs. fekete bors

2 evőkanál. olivaolaj

4 csont nélküli tonhal steak

Útvonal:

1. Egy serpenyőt olajjal felhevítünk közepesen magas lángon, hozzáadjuk a tonhalszeleteket, fűszerpaprikával, fekete borssal és chiliporral ízesítjük, mindkét oldalát 5 percig sütjük, tányérokra osztjuk, és körethez salátával tálaljuk.

Tápanyag-információ:Kalória: 455, Zsír: 20,6 g, Szénhidrát: 0,8 g, Fehérje: 63,8

g, cukrok: 7,4 g, nátrium: 411 mg

Halsütemény adagok: 2

Főzési idő: 7 perc

Hozzávalók:

8 uncia fehér halfilé, morzsolva

Fokhagyma por ízlés szerint

1 teáskanál citromlé

Útvonal:

1. Melegítse elő a légsütőt 390 F-ra.

2. Keverje össze az összes hozzávalót.

3. Pogácsákat formázunk a keverékből.

4. Helyezze a halpogácsákat a légsütőbe.

5. Főzzük 7 percig.

Serpenyőben sült kagyló mézzel Adagok: 4

Főzési idő: 15 perc

Hozzávalók:

1 font (454 g) nagy kagyló, leöblítve és megveregetve Sea Salt Dash

Csinálj frissen őrölt fekete borsot

2 evőkanál avokádó olaj

¼ csésze nyers méz

3 evőkanál kókusz aminosav

1 evőkanál almaecet

2 gerezd fokhagyma, felaprítva

Útvonal:

1. Egy tálba adjuk hozzá a tengeri herkentyűket, a tengeri sót és a borsot, és keverjük, amíg jól bevonat nem lesz.

2. Egy nagy serpenyőben melegítsük fel az avokádóolajat közepesen magas lángon.

3. A fésűkagylókat mindkét oldalukon 2-3 percig pirítjuk, vagy amíg tejfehér vagy átlátszatlan és szilárd nem lesz.

4. Vegye le a tengeri herkentyűket a tűzről egy tányérra, és fedje le lazán alufóliával, hogy melegen tartsa. Félretesz.

5. Adja hozzá a mézet, a kókuszdió aminosavait, az ecetet és a fokhagymát a serpenyőbe, és jól keverje össze.

6. Forraljuk fel, és főzzük, amíg a folyadék el nem csökken, körülbelül 7 percig, alkalmanként megkeverve.

7. Tegye vissza a megsült fésűkagylót a serpenyőbe, és dobja fel, hogy bevonja mázzal.

8. Osszuk el a tengeri herkentyűket négy tányérra, és forrón tálaljuk.

Tápanyag-információ:kalória: 382; zsír: 18,9 g; fehérje: 21,2g; szénhidrát: 26,1 g; rost: 1,0g; cukor: 17,7 g; nátrium: 496 mg

Tőkehalfilé shiitake gombával Adagok: 4

Főzési idő: 15-18 perc

Hozzávalók:

1 gerezd fokhagyma, felaprítva

1 póréhagyma, vékonyra szeletelve

1 teáskanál darált friss gyömbérgyökér

1 evőkanál olívaolaj

½ csésze száraz fehérbor

½ csésze szeletelt shiitake gomba

4 tőkehal filé (6 uncia / 170 g)

1 teáskanál tengeri só

⅛ teáskanál frissen őrölt fekete bors

Útvonal:

1. Melegítse elő a sütőt 190 °C-ra.

2. Keverje össze a fokhagymát, a póréhagymát, a gyömbérgyökeret, a bort, az olívaolajat és a gombát egy tepsiben, és addig keverje, amíg a gombák egyenletesen be nem vonódnak.

3. Előmelegített sütőben 10 percig sütjük, amíg enyhén megpirul.

4. Vegye ki a sütőedényt a sütőből. A tetejére terítjük a tőkehalfilét, és ízesítjük tengeri sóval és borssal.

5. Fedjük le alufóliával és tegyük vissza a sütőbe. 5-8-ig sütjük

percig, vagy amíg a hal pelyhes lesz.

6. Tálalás előtt távolítsa el a fóliát, és hagyja hűlni 5 percig.

Tápanyag-információ:kalória: 166; zsír: 6,9 g; fehérje: 21,2g; szénhidrát: 4,8g; rost: 1,0g; cukor: 1,0 g; nátrium: 857 mg

Grillezett fehér basszus adagok: 2

Hozzávalók:

1 C. apróra vágott fokhagyma

Őrölt feketebors

1 evőkanál. citromlé

8 oz fehér sügér filé

vs. sómentes gyógynövényes fűszerkeverék

Útvonal:

1. Melegítse elő a grillt, és helyezze a rácsot 4 hüvelykre a hőforrástól.

2. Finoman fújjon be egy sütőedényt főzőspray-vel. Helyezze a filéket a serpenyőbe. A filéket citromlével, fokhagymával, fűszernövényekkel és borssal szórjuk meg.

3. Körülbelül 8-10 percig grillezzen, amíg a hal teljesen átlátszatlan nem lesz, ha kés hegyével teszteljük.

4. Azonnal tálaljuk.

Tápanyag-információ:Kalória: 114, zsír: 2 g, szénhidrát: 2 g, fehérje: 21 g, cukrok: 0,5 g, nátrium: 78 mg

Hekehal adagok sült paradicsommal: 4-5

Hozzávalók:

½ tk. paradicsom szósz

1 evőkanál. olivaolaj

Petrezselyem

2 szeletelt paradicsom

½ tk. reszelt sajt

4 font. szürke tőkehal kicsontozva és felszeletelve

Só.

Útvonal:

1. Melegítse elő a sütőt 400°F-ra.

2. A halat sózzuk.

3. Serpenyőben vagy serpenyőben; félig sütjük a halat olívaolajon.

4. Vegyünk négy alufóliát, hogy lefedjük a halat.

5. Formázza a lapot úgy, hogy edényszerű legyen; adjunk hozzá paradicsomszószt minden fóliatartályhoz.

6. Hozzáadjuk a halat, a paradicsomszeleteket, és megszórjuk reszelt sajttal.

7. Süssük aranybarnára, kb. 20-25 fokon

percek.

8. Nyissa ki a csomagokat, és díszítse petrezselyemmel.

Tápanyag-információ:Kalória: 265, zsír: 15 g, szénhidrát: 18 g, fehérje: 22 g, cukrok: 0,5 g, nátrium: 94,6 mg

Serpenyőben sült foltos tőkehal répával

Adagok: 4

Főzési idő: 30 perc

Hozzávalók:

8 cékla, meghámozva és nyolcadokra vágva

2 medvehagyma, vékonyra szeletelve

2 evőkanál almaecet

2 evőkanál olívaolaj, osztva

1 teáskanál darált fokhagyma üvegben

1 teáskanál apróra vágott friss kakukkfű

csipet tengeri só

4 (5 uncia / 142 g) foltos tőkehal filé, szárazra simítvaÚtvonal:

1. Melegítse elő a sütőt 205 ºC-ra.

2. A céklát, a medvehagymát, az ecetet, 1 evőkanál olívaolajat, a fokhagymát, a kakukkfüvet és a tengeri sót egy közepes tálban összekeverjük, és jól bevonjuk.

A répa keveréket egy tepsibe terítjük.

3. Süssük előmelegített sütőben körülbelül 30 percig, egy-két spatulával megfordítva, vagy amíg a cékla megpuhul.

4. Közben a maradék 1 evőkanál olívaolajat egy nagy serpenyőben, közepesen magas lángon felforrósítjuk.

5. Adja hozzá a foltos tőkehalat, és pirítsa mindkét oldalát 4-5 percig, vagy amíg a hús átlátszatlan és könnyen pelyhesedik.

6. A halat tányérra tesszük, és sült répával díszítve tálaljuk.

Tápanyag-információ:kalória: 343; zsír: 8,8g; fehérje: 38,1g; szénhidrát: 20,9 g

; rost: 4,0g; cukor: 11,5 g; nátrium: 540 mg

Egy adag őszinte tonhal fondant: 4

Hozzávalók:

3 uncia reszelt világos cheddar sajt

1/3 tk. Reszelt zeller

fekete bors és só

vs. Vágott hagyma

2 teljes kiőrlésű angol muffin

6 oz. lecsepegtetett germon tonhal

vs. alacsony zsírtartalmú orosz

Útvonal:

1. Melegítse elő a grillt. Keverjük össze a tonhalat, a zellert, a hagymát és az öntetet.

2. Sózzuk, borsozzuk.

3. Pirítós angol muffin feleket.

4. A tepsire osztott felével felfelé helyezzük, és mindegyik tetejére kenjük a tonhalkeverék 1/4-ét.

5. Grillezzön 2-3 percig, vagy amíg át nem melegszik.

6. Tetejét megkenjük sajttal, és visszatesszük a brojlerbe, amíg a sajt megolvad, még kb. 1 percig.

Tápanyag-információ:Kalória: 320, Zsír: 16,7 g, Szénhidrát: 17,1 g, Fehérje: 25,7

g, cukrok: 5,85 g, nátrium: 832 mg

Citromos lazac kaffir lime-mal Adagok: 8

Hozzávalók:

1 citromfű szár, szeletekre vágva és megzúzva

2 kaffir lime levél, tépve

1 szeletelt citrom

1 ½ tk. friss korianderlevél

1 egész lazac filé

Útvonal:

1. Melegítse elő a sütőt 350°F-ra.

2. Fedje le a tepsit alufóliával, átfedő oldalakkal. 3. Helyezze a lazacot alufóliára, a tetejére citrom, lime levelek, citromfű és 1 csésze korianderlevél. Opció: sóval, borssal ízesítjük.

4. A tömítés behajtása előtt állítsa a lap hosszú oldalát középre.

Tekerjük fel a végeit, hogy összezárjuk a lazacot.

5. 30 percig sütjük.

6. Tegye át a főtt halat egy edénybe. Díszítsük friss korianderrel.

Fehér vagy barna rizzsel tálaljuk.

Tápanyag-információ:Kalória: 103, zsír: 11,8 g, szénhidrát: 43,5 g, fehérje: 18 g, cukrok: 0,7 g, nátrium: 322 mg

Finom lazac mustárszósz adagok: 2

Hozzávalók:

5 evőkanál. Apróra vágott kapor

2/3 ch. tejföl

Bors.

2 evőkanál. Dijoni mustár

1 C. fokhagyma por

5 oz lazac filé

2-3 evőkanál. Citromlé

Útvonal:

1. Keverjük össze a tejfölt, a mustárt, a citromlevet és a kaprot.

2. A filéket borssal és fokhagymaporral ízesítjük.

3. A lazacot egy tepsire rakjuk bőrrel lefelé, és bekenjük az elkészített mustáros szósszal.

4. Süssük 20 percig 390°F-on.

Tápanyag-információ:Kalória: 318, zsír: 12 g, szénhidrát: 8 g, fehérje: 40,9 g, cukrok: 909,4 g, nátrium: 1,4 mg

Adagok ráksalátából: 4

Hozzávalók:

2 ágyas. rák hús

1 ea. félbevágott koktélparadicsom

1 evőkanál. olivaolaj

Fekete bors

1 medvehagyma, apróra vágva

1/3 tk. apróra vágott koriander

1 evőkanál. citromlé

Útvonal:

1. Egy tálban összekeverjük a rákot a paradicsommal és a többi hozzávalóval, összekeverjük és tálaljuk.

Tápanyag-információ:Kalória: 54, Zsír: 3,9 g, Szénhidrát: 2,6 g, Fehérje: 2,3 g, Cukor: 2,3 g, Nátrium: 462,5 mg

Sült lazac miso szósszal Adagok: 4

Főzési idő: 15-20 perc

Hozzávalók:

Szósz:

¼ csésze almabor

csésze fehér miso

1 evőkanál olívaolaj

1 evőkanál fehér rizsecet

teáskanál őrölt gyömbér

4 (3-4 uncia / 85-113 g) kicsontozott lazac filé 1 szeletelt zöldhagyma, díszítéshez

teáskanál pirospaprika pehely, díszítéshez

Útvonal:

1. Melegítse elő a sütőt 190 °C-ra.

2. Készítsük el a szószt: Keverjük össze az almabort, a fehér misót, az olívaolajat, a rizsecetet, a gyömbért egy kis tálban. Adjunk hozzá egy kevés vizet, ha folyékonyabb állagot szeretnénk.

3. A lazacfiléket bőrös felével lefelé egy tepsibe rendezzük. Az elkészített szószt a filékre öntjük, hogy egyenletesen bevonják.

4. Előmelegített sütőben süssük 15-20 percig, vagy amíg a hal villával könnyen fel nem válik.

5. Díszítsük fel szeletelt zöldhagymával és pirospaprika pehelyekkel, és tálaljuk.

Tápanyag-információ:kalória: 466; zsír: 18,4 g; fehérje: 67,5g; szénhidrát: 9,1 g ; rost: 1,0g; cukor: 2,7 g; nátrium: 819 mg

Gyógynövényekkel és mézzel bevont sült tőkehal Adagok: 2

Hozzávalók:

6 evőkanál. Gyógynövényes töltelék

8 oz tőkehal filé

2 evőkanál. Kedvesem

Útvonal:

1. Melegítse elő a sütőt 375°F-ra.

2. Finoman fújjon be egy sütőedényt főzőspray-vel.

3. Tedd egy zacskóba a gyógynövényes tölteléket és zárd le. Törjük össze a tölteléket, amíg omlós lesz.

4. Kenjük be a halat mézzel, és dobjuk ki a maradék mézet.

Adjunk hozzá egy filét a töltelékes zacskóhoz, és óvatosan rázzuk össze, hogy teljesen bevonja a halat.

5. Tegye át a tőkehalat a sütőedénybe, és ismételje meg a folyamatot a második hallal.

6. Csomagolja be a filéket alufóliába, és főzze keményre és átlátszatlanra, amikor a kés pengéjével teszteli, körülbelül tíz percig.

7. Forrón tálaljuk.

Tápanyag-információ:Kalória: 185, zsír: 1 g, szénhidrát: 23 g, fehérje: 21 g, cukrok: 2 g, nátrium: 144,3 mg

Parmezán tőkehalkeverék adagok: 4

Hozzávalók:

1 evőkanál. citromlé

½ tk. apróra vágott zöldhagyma

4 csont nélküli tőkehalfilé

3 gerezd darált fokhagyma

1 evőkanál. olivaolaj

½ tk. alacsony zsírtartalmú reszelt parmezán sajt

Útvonal:

1. Melegíts fel egy serpenyőt az olajjal közepes lángon, add hozzá a fokhagymát és a zöldhagymát, keverd meg és párold 5 percig.

2. Adja hozzá a halat, és süsse mindkét oldalát 4 percig.

3. Adjunk hozzá citromlevet, szórjunk a tetejére parmezánt, főzzük még 2 percig, tányérokra osztjuk és tálaljuk.

Tápanyag-információ:Kalória: 275, zsír: 22,1 g, szénhidrát: 18,2 g, fehérje: 12 g, cukrok: 0,34 g, nátrium: 285,4 mg

Ropogós fokhagymás garnélarák adagok: 4

Főzési idő: 10 perc

Hozzávalók:

1 lb garnélarák, meghámozva és kivágva

2 teáskanál fokhagymapor

Bors ízlés szerint

¼ csésze liszt

Főző spray

Útvonal:

1. Fűszerezze a garnélarákot fokhagymaporral és borssal.

2. Bekenjük liszttel.

3. Permetezze be olajjal a légsütő kosarát.

4. Tegye a garnélarákot a légsütő kosarába.

5. Süssük 400 F-on 10 percig, félidőben megrázzuk.

Krémes tengeri sügér keverék adagok: 4

Hozzávalók:

1 evőkanál. vágott petrezselyem

2 evőkanál. avokádó olaj

1 ea. kókuszkrém

1 evőkanál. zöld-citrom lé

1 apróra vágott sárgahagyma

vs. fekete bors

4 csont nélküli sügér filé

Útvonal:

1. Melegíts fel egy serpenyőt az olajjal közepes lángon, add hozzá a hagymát, keverd össze és párold 2 percig.

2. Adja hozzá a halat, és süsse mindkét oldalát 4 percig.

3. Hozzáadjuk a többi hozzávalót, további 4 percig főzzük, tányérokra osztjuk és tálaljuk.

Tápanyag-információ:Kalória: 283, zsír: 12,3 g, szénhidrát: 12,5 g, fehérje: 8 g, cukrok: 6 g, nátrium: 508,8 mg

Ahi Poke uborka adagok: 4

Főzési idő: 0 perc

Hozzávalók:

Ahi Poke:

1 font (454 g) sushi minőségű ahi tonhal, 1 hüvelykes kockákra vágva 3 evőkanál kókuszdió aminosav

3 zöldhagyma, vékonyra szeletelve

1 serrano paprika, kimagozott és darált (opcionális) 1 teáskanál olívaolaj

1 teáskanál rizsecet

1 teáskanál pirított szezámmag

Csipet őrölt gyömbér

1 nagy avokádó, felkockázva

1 uborka, fél hüvelyk vastag szeletekre vágvaÚtvonal:

1. Készítse elő az ahi poke-ot: keverje össze az ahi tonhal kockákat a kókuszdió aminosavval, zöldhagymával, serrano borssal (ha szükséges), olívaolajjal, ecettel, szezámmaggal és gyömbérrel egy nagy tálban.

2. Fedjük le a tálat műanyag fóliával, és pácoljuk a hűtőszekrényben 15 percig

percek.

3. Adja hozzá a kockára vágott avokádót az ahi poke tálhoz, és keverje össze.

4. Az uborkaszeleteket tálalótálra rendezzük. Öntsük a poke ahi-t az uborkára, és tálaljuk.

Tápanyag-információ:kalória: 213; zsír: 15,1 g; fehérje: 10,1g; szénhidrát: 10,8g; rost: 4,0g; cukor: 0,6 g; nátrium: 70 mg

Menta tőkehal keverék adagok: 4

Hozzávalók:

4 csont nélküli tőkehalfilé

½ tk. alacsony nátriumtartalmú csirkehúsleves

2 evőkanál. olivaolaj

vs. fekete bors

1 evőkanál. apróra vágott menta

1 tk. Reszelt citromhéj

vs. apróra vágott medvehagyma

1 evőkanál. citromlé

Útvonal:

1. Melegíts fel egy serpenyőt az olajjal közepes lángon, add hozzá a medvehagymát, keverd meg és párold 5 percig.

2. Adjuk hozzá a tőkehalat, a citromlevet és a többi hozzávalót, forraljuk fel és főzzük közepes lángon 12 percig.

3. Osszuk el mindent a tányérok között, és tálaljuk.

Tápanyag-információ:Kalória: 160, Zsír: 8,1 g, Szénhidrát: 2 g, Fehérje: 20,5 g, Cukor: 8 g, Nátrium: 45 mg

Citromos és krémes tilápia adagok: 4

Hozzávalók:

2 evőkanál. Apróra vágott friss koriander

vs. Megkönnyebbült majonéz

Frissen őrölt fekete bors

vs. friss citromlé

4 tilápia filé

½ tk. világos reszelt parmezán

½ tk. fokhagyma por

Útvonal:

1. Egy tálban keverje össze az összes hozzávalót a tilápia filé és a koriander kivételével.

2. A filéket egyenletesen bevonjuk majonézes keverékkel.

3. Helyezze a filéket egy nagy alufóliára. Tekerje a fóliát a bélszín köré, hogy lezárja őket.

4. Helyezze a fóliás tasakot egy nagy lassú tűzhely aljába.

5. Állítsa a lassú tűzhelyet alacsony fokozatra.

6. Fedjük le és főzzük 3-4 órán keresztül.

7. Korianderes körettel tálaljuk.

Tápanyag-információ:Kalória: 133,6, zsír: 2,4 g, szénhidrát: 4,6 g, fehérje: 22 g, cukrok: 0,9 g, nátrium: 510,4 mg

Hal taco adagok: 4

Főzési idő: 20 perc

Hozzávalók:

Főző spray

1 evőkanál olívaolaj

4 csésze káposztasaláta

1 evőkanál almaecet

1 evőkanál lime lé

Csipet cayenne bors

Bors ízlés szerint

2 evőkanál taco fűszerkeverék

¼ csésze univerzális liszt

1 font tőkehalfilé, kockára vágva

4 kukorica tortilla

Útvonal:

1. Melegítse elő a légsütőt 400 F-ra.

2. Permetezze be olajjal a légsütő kosarát.

3. Egy tálban keverje össze az olívaolajat, a káposztasalátát, az ecetet, a lime levét, a cayenne borsot és a borsot.

4. Egy másik tálban keverje össze a taco fűszerezést és a lisztet.

5. A halkockákat bevonjuk taco fűszerkeverékkel.

6. Tegye őket a légsütő kosarába.

7. Levegőn 10 percig sütjük, félidőben rázzuk.

8. Töltsük meg a kukorica tortillákat hal és káposztasalátával, és tekerjük fel.

Gyömbéres tengeri sügér keverék adagok: 4

Hozzávalók:

4 csont nélküli sügér filé

2 evőkanál. olivaolaj

1 C. reszelt gyömbér

1 evőkanál. apróra vágott koriander

Fekete bors

1 evőkanál. balzsamecet

Útvonal:

1. Melegíts fel egy serpenyőt az olajjal közepes lángon, add hozzá a halat és süsd 5 percig mindkét oldalát.

2. Hozzáadjuk a többi hozzávalót, további 5 percig főzzük, tányérokra osztjuk és tálaljuk.

Tápanyag-információ:Kalória: 267, zsír: 11,2 g, szénhidrát: 1,5 g, fehérje: 23 g, cukrok: 0,78 g, nátrium: 321,2 mg

www.ingramcontent.com/pod-product-compliance
Lightning Source LLC
Chambersburg PA
CBHW071424080526
44587CB00014B/1736